勉強しなければだいじょうぶ

五味太郎
内海陽子
GOMI TARO / UTSUMI YOKO

集文社

■もくじ■

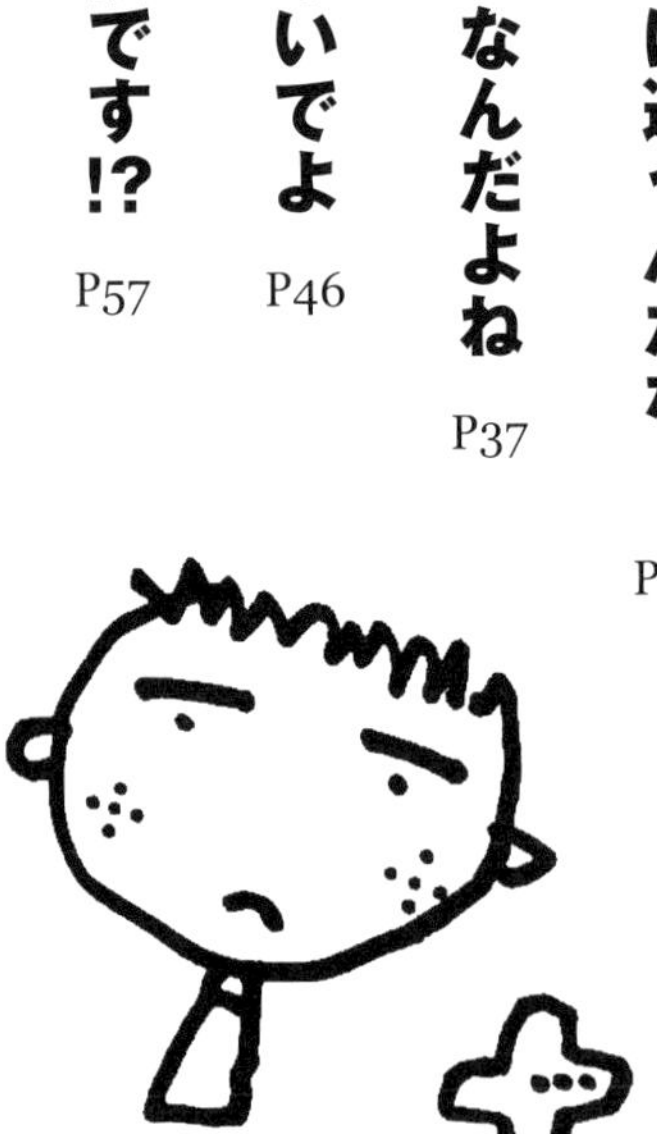

装幀・挿画
五味太郎
聞き手・編集
内海陽子
デザイン
ももはらるみこ

勉強しなければだいじょうぶ

こんな気分でやってきたのさ…

――五味さんは、絵本作家、ですよね？

絵本作家です。絵本作家になるなんて考えたこともなかったけれど。

――絵本作家になろうと思ったわけではない？　では、なになりたかったのですか？

なにになりたかったのかなあ……そんなこと考えたことなかったよ。

大人はよく子どもに聞きますよね、将来の夢は？　と。

君はなにになりたかったの？　僕は子どもの頃、将来とか夢とか、なにも考えていなかったです。考える暇《ひま》もなかったというのが正しいかな。ましてや、絵本作家になりたいとも、なろうとも、考えたことは一度もなかったです。

――では、どういう経緯で絵本作家に？

絵本という形はいいなあと気づいたとたんに自分で描いてみようと思い、どういうものかよくわからないなりに描いてみたら、親切な友だちがそういうのは出版社に売り込みに行くものだと教えてくれて、持ち込んだら3軒目ぐらいで「やりましょう」ということになったのです。幸せな人なのです。

――いつ頃のことですか？

20歳代の途中ぐらいかな。絵本というものに初めて出会ったのが21歳のときですから。

――ずいぶん遅い出会いですね。

変な女の子にプレゼントされたのです。『うさこちゃんとうみ』、かのディック・ブルーナさんの絵本です。しばらく放ってあったのだけれど、なにかの拍子にふと手にしてページをめくってみたら、これがいいんですよ。

それ以来、絵本というものを意識し、絵本というものが僕の中に居座った気がします、どうやら。

――ブルーナさんに影響されたんですね。

影響はされていないですね。それが作家になった直接の原因とも思いません。ただ、絵本という形はいいなあと、意識に残ったというのかな。敢えて言えば変な女の子に影響されたんですね。

――でも、結果、絵本作家になった……

もともと、絵や言葉や文章は好きな世界だったし、物をつくるということも好きだったので、看板描きやマネキン製作、デパートのディスプレイなどのアルバイトや、広告制作をやってみたり、雑誌にイラスト描いたり、そういう作業をごちゃごちゃ並行してやっているうちに、「絵本をつくる」という形がなんとなく浮上したようです。絵本作家で生きていく覚悟も計画もなかったのですが、めでたく本が出て、もう1冊、なんてやっているうちに、他の仕事に比べてとてもスムースな作業だなあと気づきました。そして、僕はやっぱり非常に個人的な作業が好きなのだとあらためて思ったのです。盛り上がって描いて、周りも一応盛り上がってくれて、重版してくれたり、賞くれたり、お金も入ってきて、ちょっとこれやめられないな、ワハハ、と、ずっとそんな感じでやっているのです。

――もともと絵が得意だったのですね。

いいえ。子どもの頃に絵なんて描いた記憶、あまりないですね。描いた記憶はほとんどないけれど、画用紙で飛行機を折った憶《おぼ》えはあるなあ。

――絵本は読みました?

ひとりで読むなら20歳から…

絵本なんて読んだ憶えもないなあ。雨の日に仕方ないからなにか読んだ憶えはあります。雑誌ね、たぶん。

でも、絵的に表現するということは、ずっとやっていたみたい。長い紙にいろんな道を描いて丸めておいて、さてどの道を行けば宝に辿り着けるでしょうか、なんていう遊びが学校で流行《はや》ってね。みんな僕のつくったのをやりたがったよ、いちばん面白いからさ。あれも商品化したら売れたかもね。

家のトイレに「今週のクイズ」みたいなのをつくっていつも貼《は》っていたそうです。自分では忘れていたけれど、母親に「あなた、子どもの頃からずっと同じようなことやってるわね」と言われました。そのクイズ、母親もけっこう楽しみにしていたみたいです。

――絵本的なお遊びをして、その遊びを周りの人も喜んでくれていたのですね。

きっと、僕の中でずっとそんな気分が続いてあって、絵本というものを見たときに、「これ、楽しそう。僕にもすぐできるぜ」と思ったんじゃないかな。

勉強すれば立派な大人になれるのかな…

僕は今もよく、手紙やメールをもらいます。小さい子からお年寄りまで年齢関わらず性別関わらず、さらに国籍も関わらず、僕の本を読んでくれた人たちから。その中でもやはり小学生や中学生からが多いかな、「僕もやってみました」「私もちょっと描いてみたくなりました」という類《たぐい》の手紙。どうやら僕の本は、パロディーしたくなるらしい。それが実は僕の本質かなと、思うところがあります。

——五味さんの本質というと？

僕の絵は簡単だし、発想は子どもの頃の次元とレベルが同じだから。『さる・るるる』なんて、「最後に〝る〟つければいいんでしょ」って感じで、今でもよくパロディーが送られてきます。僕だってこのアイディア、テニス帰りにシャワーを浴びながら思いついて、6、7時間で出来上がった本ですから。簡単だよね。それでいて30万部近くも売れてしまったのですから、うふふ、ってなもんです。

単純で簡単なんだけれど、結果、面白い。それなら私だってできる、やってみよう、と。

――「さる・いる」「さる・くる」「さる・さる」……動詞を変えていけば、果てしなく湧いてきそうですものね。五味さんの著書には『言葉図鑑』とか『ことわざ絵本』とか『素敵な漢字』とか、勉強の延長のような本がたくさんあります。それを子どもたちが喜んで読んで真似《まね》しているようですが、やはり教育的配慮があるのですか？

ぜんぜん。教育も配慮もまったくないです。それに、勉強の延長ではありません。

勉強と絵本はとてもなじむように見えるけれど、ぜんぜん違うということを、学校の現場にいる子どもたちだからこそ、敏感に感じるらしいのです。すぐにわかるみたいです。五味さんも作文みたいなことしているけれど、学校で書かされる作文とはどうもぜんぜん違う。なんでなんだろう？　と疑問に思う。そして、五味さんみたいのなら自分だってできるよ、書けるよと。

たぶん、僕がやることは、シンプルだからなんでしょうね。シンプルだから結果も単純。心軽やかに見える。

――たしかに、五味さんの作品はすべて心軽やかですよね。五味さん自身、いつも軽やかな印象を受けます。

心重やかっていうのが主流ですからね、世の中。アートとか思想とかイデオロギーとか、なにしろ重たいでしょ。勉強ってこと自体がもう、心重たいじゃないですか。

――「勉強」って、なんだか不思議な言葉ですよね。

中国語では、「無理をして頑張る」という意味で使うって、中国人の友だちから聞いたよ。字面《じづら》からして、こわばっている。

――「勉強」について勉強してみます。辞書を引いてみます。

べんきょうすれば「勉強」って字がかけるようになるのよ。べんきょうしないと「勉強」ってかけないのよ。で、みんなから（いつまでも）馬鹿にされて不幸になるのよ。

【勉強】無理にでも努力して励むこと。

……つらい感じです。

ここの風土は基本的にそうですよね。つらいことをすれば幸せになれるっていう考えね。変なの。

——勉強すれば、幸せな大人になれるんでしょうか？　五味さんは勉強する子でしたか？

勉強してないですね。ありがたいことに。勉強する必要を感じなかったし、勉強する暇がなかったという感じでしょうか。ほかにいろいろ忙しかったからね。

――ありがたいことに、というのはどういうことですか？

それは後になってわかってきたことですが、勉強しちゃったがゆえにわからなくなってしまったことや、変に憶えこんじゃったりしているものって、たくさんあると思わない？　たとえば地理なんてやつでさ、ハンガリーの首都はブダペストで、ウラル山脈はあのへんにあって、ケニアは赤道直下にあって熱帯です。……なんにも活かされない勉強ですよね。

個人の中でたとえば地勢、地理というのが生きてくるのは、自分が行動することになったときに、はじめて理解できることですよね。行ってみてはじめて、ああ、アルゼンチンの首都はブエノスアイレスっていうんだ、ブラジルとの国境にはイグアスというすごい滝がある、南半球だから季節は日本と逆で１月は夏の暑さだ、と実感

する。

――暑いけれども、日本と違って湿気はないし、夕方になると涼しいから長袖が必要なんですよね。高地に行けば涼しいし。私も行ってみてはじめて、いろいろ実感しました。

それを、試験に出るから憶えるということのビックリさ。僕たちはなんで勉強しちゃうんだろうか。蛇は爬虫《はちゅう》類《るい》で蛙は両生類で、バッハは近代音楽の父でヘンデルは音楽の母で、十七条の憲法は聖徳太子で五箇条の御誓文は明治天皇で……僕たちは一体、なにをしていたんだろうか。

――私、暗記するのが得意なので、結構そういう知識あるのですけれど。

「知っていることは良いことだ」「知識は力だ」ということですよね。

ところが、これがどうも違うんですね。

たとえば、明治維新から西洋の影響を受けて日本は近代化したと学校の歴史の授業で習うけれども、これはぜんぜん違うんだということは、じわじわわかってくる。

島原の殿様は江戸時代すでに、すごい技術革新を取り入れていたし、南蛮船がやってきたのを見て海洋技術の可能性を当時の人々は学んだだろうし、さらに昔、空海さんは唐に行ってあまりに魅力的なものを見聞《みき》きして、彼個人が近代化し、それを整理して布教したわけだろうし。

「近代化」は維新から突然始まったわけではない、維新の近代化は実は「西洋化」ということなんだ、というように、学校で勉強したことをいちいち払拭《ふっしょく》しながら次を理解していかなくてはいけないわけです。あらためて学習しなおさなくてはならないのですね。

漱石さんと空海さんは違うんだな…

――学習という言葉が出ましたが、勉強と学習とは、違うのですか？

違います、違います、ぜんぜん違います。

「学ぶ」というのは、どう考えたって自動詞です。空海さんが学ぶ。僕が学ぶ。陽子さんが学ぶ。学ぶ主体があるのですね。「習う」というのは、僕が興味あることについて、僕が辿る、沿う、真似る。習いながらアレンジメントしていく、つまり再構成していく。そのときに、沿いきれないものがたくさん出てくる、それが個人のさらなる学習作業です。

――あくまで個人の主体性ですね。

翻《ひるがえ》って、今の子どもたちの義務になってしまっている勉強という学び方は、根本がぜんぜん違いますよね。「勉強をする」という言葉の使い方で、曖昧《あいまい》にしています。「勉強」という言葉自体、「勉強させる」「勉強させられる」というニュアンスなのね。つまり個人的必然のないままに、ということです。聖徳太子に興味がないまま十七条の憲法なわけです。そのうち興味が湧くであろう、湧いてもらわねば困る、という具合。なかなか湧くもんじゃないのね、そんなことに。でも試験なのさ。だから仕方なく憶えるの。十六条の憲法なんて書いたら×《ばつ》さ。

――ああ、そういう惜しい！　というケアレスミス、よくあります。ちょっとでも語尾が違うと、×なんですよね。


勉強で個人の学習は進まないだろうなあ。

今はたぶん、勉強があって学習が無いんだと思います。勉強でいっぱいになっちゃうから、学習できない。

翻って、僕は学習ばっかりしてきたのね、勉強せずに。学習していたから、勉強する暇などなかったのです。でも、ブダペストも十七条の憲法もなんとなく知ってます。そんなもの、勉強しなくてもいつの間にか入ってくるものです。風の便りみたいな感じでさ。

今、僕に手紙をくれる気楽な人々や、僕の周りで騒いでいる連中は、大人も子どもも、学習欲に満ちています。面白いから、楽しいから、興味あるから。

空海さんは、唐に行ってきなさいと誰かに言われたわ

自慢じゃないが 私は英国の首都
がパリだとは知らぬまま90歳をむ
かえたわけであります。です。実に
豊かな人生であります。です。

けじゃなくて、どうしても行きたくて、まぎれて船に乗って、どきどきわくわくしながら海を渡って、すごい勢いで取材して、なにしろワンダーランドがそこにあるわけですから、わー、わー、すげーって感じだったと思うのね。それで、学習しまくって帰ってきた。

でも、夏目漱石先生はちょっと違うような感じがします。勉強してきなさいとお上《かみ》に言われてイギリスに行かされて、ノイローゼになっちゃいました。で、後が大変でした。

つまり、漱石さんは勉強していた、空海さんは学習していた。これは大きな差だと思います。

――大胆な分析ですね。

漱石さん空海さん個人のことを言っているのではあり

ませんよ、お間違いなく。つまり、漱石先生の時代ということです。空海さんの時代ということです。

官の政策として西洋に学び、つくりあげた明治の時代は、日本にとって大きなターニングポイントだったのは間違いないと思います。文明的な発展のために、近代国家になるために、電気もつくし、鉄道も走るし、洋服を着て、子どもは学校に行き、近代的な戦争もするのだということを勉強したのです。社会制度も学校制度も軍事制度も、すべて西洋の列国に学びました。

その日本の近代化の中で、人間が「学んでいく」ということが、「勉強する」「勉強せねばいけない」ということに置き換わってしまったのだと思います。勉強しないとダメになる、という意識です。

――それまでは、勉強するという意識がなかった？

勉強させる制度がなかった、必要もなかったんじゃないかしら。個人の学習だけで十分だったということじゃないでしょうか。

勉強制度というのも、明らかに西洋から入ってきたのです。

――わりあいぼんやりしていたんでしょうか、私たちの国は。

明治維新で日本が近代国家として整ったのだとすれば、ではそれ以前は乱れていたのか？　未開未整理の野蛮《やばん》な混乱した時代が続いてきたのか？　江戸の頃は国家として成り立っていなかったのか？　と考えてみると、いやいや、６世紀、７世紀、もっともっと遡《さかのぼ》って縄文時代の頃からすでに、かなり高度な文化文明をやってきた風土ですよ、ここは。

僕が推測するに、日本は学校制度がはっきり出来ていない頃、学習制度がとても盛んな国だったのではないかと思います。織物、建築、焼き物……大陸や半島から伝わってきたものを、学んで習って真似してやってみる人がたくさんいたんだと思います。そしていわゆる伝承というかたちで、習う、教える、つまり教育ということが出てくる。

——真似して工夫して発展させるのは、日本の産業の得意技ですよね、今も。

絵の世界だけを見ても、すごいものがいっぱい残っているんですよ、この国は。いろいろな方式があって、徒弟制度があって、需要供給がちゃんとあって。室町の頃にはすでに雪舟なんかもいて、桃山時代にはあの狩野派などという大きないわゆる絵の商社みたいなものもあったわけです。そして江戸期に入ればそれこそ尾形光琳《こうりん》、俵屋宗達、あるいは円山応挙などなどなどが輩出して、美術産業がもうとっくにできているわけです。

その形の中には、芸大もなければ、学生としてのお勉強もない。現場で使えるかどうか、即戦力、個人の戦いなわけです。はじめから無理なやつはその世界にはいかない。

――逆に言えば、才能の芽もない人は、はなから受け入れてもらえない、きびしい世界ですね。

自分の質を見て、その世界に入っていき、出来そうなもの、出来るものを創意工夫してやるしかない。学校なんてものは用意されていなかったのです。生まれた以上、自分でやるしかないんだよね。
さて、話はこの辺から佳境に入っていきます。

——はい、佳境に入ってください。

自分でやるしかないのが生物、生きるものの営みです。自分がやるのが根本です。
その生物の根本の営みが、何故かスムースにいかなくなっちゃったのが今だと思います。

——他人任せになってしまったということですか？

今まで教育という現象がライブでスムースに行われてきたんです。娘がおっかさんの横で料理を見て憶えていくような状態ね。当たり前として知識を獲得していく教育現象、その伝達がうまくいっていたんです。建築学校なんて出ていない大工が五重塔をつくり、東大寺をつくり、唐招提寺《とうしょうだいじ》をつくり、工夫して成功したり失敗したり、徒弟制度の中で伝わっていく。その、現場でスムースにやれていた教育を、そのまま近代化していけばよかったのに。

追いつけ追い越せ、なんだよね

日本は、明治維新で西洋化するときに、今までのものを無意識にすべて否定してしまったんだよね、現状をなんの検証もせずに。西洋に学ぶのが一番だと、なぜかみんなが信じざるを得なかった。なんとなく焦《あせ》る気分もこの辺りから出てきているような気もします。「遅れてしまう」「取り残されてしまう」「取り返しがつかなくなる」というような、正体のわからない焦り。「他にもこんなやり方もあるんだってさ、おもしろそうね……」というような話だったはずなのに、西洋一辺倒にすべてのジャンルでなってしまった。今までのやり方は古い、ダサい、間違っているんだと。魂《たましい》とシステムを一度葬って

しまったようです。

――それは大混乱だったでしょうね。個人も、社会も。今までの日本はなんだったんだ！って。

人間をどうやって育てていくかということまで西洋に学んでしまったんですね、どうやら。

精神的なものの抽象的なものを学ぶことを学問と思いがちだけれども、実際は具体的なものとリンクしていないと腑《ふ》に落ちないわけです。実感を得てはじめて、その人の精神性が出る。

今までちゃんとそういう教育があったのに、このやり方はダメですと否定して、子どもは学校に行くんです、勉強するんですとなってしまった。下手《へた》したら、実感を持ってはいけない、伝統的生活感は家に置いてきなさい

なんていうぐらいに。

――たしかに、学校の勉強には実感が伴いません。唐突なことが多いです。

学ばないほうがいいことと、学んだほうがいいことの差がわからない人々が多かったんじゃないかな、大人に。風土における人種が持っている特質というものがあると思うんです。民族それぞれ特徴があるのに、大和《やまと》の人がアングロサクソンやゲルマンの人のやり方を学んで、大和民族の独特なものまで否定してしまった。

アングロサクソンにはきっと必要なんですよ、ああいう学校制度が。でも、大和民族は学校制度に合わないいんだと思うんだよね。理念的な考え方自体が合わない。

この風土で子どもが学んでいく一番いい方法はなんな

のか、考える時期にきているのだと思います。それなのに、お馬鹿さんはいまだに西洋の教育論に学んでいる。シュタイナー理論をどうやって取り入れればよいか、ピアジェの教育論はどうなんだって。

――日本独自の学校制度は、寺子屋ぐらいでしょうか？

寺子屋は学校制度じゃなかった気がしますよ。つまり勉強制度じゃなくて、あくまで学習制度だったんじゃないかしら。だって手習いをしたくて小僧さんたちが駆け付けるような状態だったらしいし。

不思議なことに教育論を書いた日本人って、いないんですよね。必要なかったんでしょうね。世の中が結構いい制度で、いいセンスでデザインされていたのですから。

それなのに、西洋が高級なんだという感覚が衣食住す

シュタイナー理論とアングロサクソン風
調味料によって調理された
理想的幼児食。どーぞ。

べてで無意識についている。

アングロサクソンとモンゴロイドは体型も違うし肌も違う、だから西洋のドレスを着たら当然ズレちゃう。それなのに、大和人に一番かっこいいのはなんだろうっていう努力を途中でやめてしまったから、自信がない。どう懐古趣味でとらえようとも、「鹿鳴館《ろくめいかん》」は気持ち悪いですよね。

――でも最近の子は、体型そのものも西洋化してきているみたいですけれど。

えーそうかなあ、大和民族も少しずつ変質はしているってことかしら。よくわかりません、そのあたりのことは。体型もグローバル化しておる、なんて言っておけばいいんじゃない？

――若者はスリムに、中年はメタボに、というグローバリゼーションですね。

それはともかく、なぜか「西洋に追いつけ追い越せ」という競争原理でずっとやってきたからつらいです。産業的なことではそういう戦いかもしれないけれど、文化は競争じゃありませんよね。それに、追いつけ追い越せは、はじめから負けているということだよね。

あっちを見たりこっちを見たり、いずれにしてもナチュラルじゃない。じっくりやるべきときに、焦って西洋風にしてしまった。今まで独自の教育システムがあったのに、西洋の学校制度を付け焼き刃で取り入れて、そんな無責任な空間に子どもを収容するということになってしまったのです。はじめっから二流意識です。ダメな人間をダメではない人間にする、という発想。「子どもはとりあえずダメで不完全な存在だ」と見なしてから始める学校教育というものがスタートしたわけです。これが今でも続いています。

だから、僕みたいな誇り高い子は、はじめから学校になじまない。ほんとうに人を馬鹿にしたような貧しい教科書、収容所のような教室、そしてなぜかやたらとある規則、規律。だから元気な子は脱走するわけです。

——私も誇り高く元気な子だった気がしますが、脱走しませんでした。学校行くの嫌いじゃなかったし、他にやることもなかったし……

いい子ですね。俺もいい子でしたけど脱走してました。君はとどまるべきだと、俺は脱走すべきだと、それぞれ判断したんだと思います。いずれにしても問題ありません。

ただ一般的に勉強ばっかりで学習が無い風土になってしまい、自分がなにをしたらいいのかわからない人がこれほど増えてしまったというのが問題なのです。

根本からもがけない。学校制度の中でしかもがけない。そんなタイプの人が多々いるのです。

学校なんかで教えないでよ

勉強してない子は不真面目だと言われます。

つまり、問題は学校です。

学校嫌いな子は勉強ができない。

でも、そういう子は、そういう子なりの学習をしているのだと僕は思います。そういう人はいっぱいいます。


——自分の知りたいことだけを学んでいれば十分だということですか？

だって、それ以外に知りたいことなんてないよね。学校なんかで教えないでよ、だって知りたくないもんって。

——勉強というのは積み重ねというイメージがあります。学校は基礎学力をつける場で、そこで日々知識を積み重ねていって、徐々にいろいろなことが理解できるようになる。急に学びたいと思って、知りたいことだけを学ぶとして、基礎学力がない人でも学べるのでしょうか？

「基礎」っていうのがつらいとこですよね。基礎がしっかりしていないと後のことは期待できない、基礎がダメなら未来はないといった考え方。これ、はたして正解なんでしょうか？

ま、建築とか構造物には基礎は大切です。ぐらついちゃいますからね。上海なんかでよくビルごと倒れてましたよね。でもね、人間は建築物じゃないんですよ、どうみたって。つまり「人工物」じゃない。基礎は整って生まれ出た、そう思いませんか？　でも見誤っちゃうんで

しょうね、「物」として。〝鉄は熱いうちに打て〟とか凄《すご》いですよね。唯物論《ゆいぶつろん》の未熟な末路かしら。で、子どもに根性入れたり鍛え上げたりしたくなるのでしょう。

あくまでも「基礎学力」なんて、いいかげんなものだと思います。基礎学力というけれども、そのこと自体、科学的な検証をしたわけではないんです。一応こういうことを基礎学力としよう、ってなぐらいなものです。それを敢えて言うなら、いわゆる昔の〝読み書き算盤《そろばん》〟ってやつで十分なんじゃないですか。

――暮らしていくための、最低限必要な能力。

たとえば、野球をするときの基礎能力は、最低限のルールを知っているということですね。攻撃と守備に分かれて、3つアウトになったら交代。これを知らないと野球はできない。でも、細かいルールは、やりながらわかるでしょ。誰かに聞けばいいし、教えてくれるし。基礎というのはその程度のものだと思います。

——私は、テレビで野球の試合はなんとなくよく見ているんですが、野球の基礎ができていません。

それは興味がないからで、罪ではありません。それより、ルール教えてもらっても聞いてないのが問題なんじゃない？

——すみません。

日本の中では日本語を使っているという基礎があるから、日本語を知らないとやりにくいというようなことで

基礎ががっしりと
できました。
もう
なにがあろうと
ゆるがない!
御安心。

す。これは生活上のツールですから。

では、人が学んでいったり習っていったりするときの基礎能力というのはなんだろうか。それはたぶん、「これが基礎かな」というのを当人が決めるところから始まるんでしょう。その「基礎」が、「一般」ではないところが面白いわけです。基礎からして個人的なのですね。生まれついた顔かたちに「一般」はないということを考えれば至極《しごく》当然なことです。

それを、学校という制度の中で「これが基礎です」と押しつけられるところから始まってしまう。苦しいですね。

――その人の生活にとって必要な知識かどうかというのは、その人が判断するしかないということですね。

それが一番いいということです。当人以外は誰も判断できないはずですよね、当人の基礎なんて。自分のことだもの。自分の生活だもの。

万人に必要だという基礎知識なんていうものは、まず無いと思ってよいと思います。

この世の中に、「一般教養」という不思議な言葉がありますが、これ、ごまかし言葉の代表ね。一般人として知っておいたほうがよい知識、というのが、なぜか設定されたのです。この範囲がまた、広いんですね。一般教養というのを身につけるだけで、だいたい人生終わっちゃうのですよ、ほんとに。

たとえ話をしましょう。

絵なんていう、まさに個人的な資質を問われる世界でさえ、基礎がないとダメと言われます。アカデミズムなんていう言い方をしたりして。個人の資質にも基礎が必要だとでも言いたいのですね、勉強人としては。そして基礎がないと崩《くず》せないという神話があるのです。

――神話？

伝説かもしれません。

基礎的なデッサンというのができていないと、それを崩したということにはならない、崩しても意味がないと、みんな思っている。誰が言ったんでしょうね？

まずギリシャをはじめとする西欧の古典的な彫刻の石《せっ》膏《こう》像をきっちりデッサンできないと、そこから先はないんですよというルールがありまして、それを「なるほど」と思ってやった人が、今のままあの絵描きになっているのです。つまりみんなギリシャ彫刻が描けるわけです。ヴィーナスだとかブルータスだとかアグリッパだとか、もっといろいろあります。ギリシャ彫刻の勉強をしたわけです。

なにか変でしょ、ちょっと落ち着いて考えてみると。

ここ東洋のはずれだし。

絵を描くには、なにもギリシャの石膏像をトレースしなくてもいいと思うんですよね、別に。それが基礎学習だなんてあんまりですよね。それこそ「これをいちおう基礎とする。特に理由はないが、とにかくギリシャは偉いんだから深く考えないように……」あたりですよね、せいぜい。

そうしなかったら、なににもなれないと思ったんだろう？ そうするとなにになれると思ったんだろう？ そんなことを疑っているヒマがあったらせっせと石膏デッサンをしなさい、上手に描けたら入学させてやるから、という形で芸術大学が成り立っているわけです。

ちなみに、僕も芸大の試験を受けた暗い過去がありますが、向こうが君は来なくていいと言うので、行かずにすみました。

——なぜ芸大を？

いちおう芸術ってやつに興味があったからなんでしょう。でも、そのときもギリシャの勉強をしなかったからデッサンまともに描けませんでした。

——芸大を受けるために、勉強したんですか？

ええ、とりあえず絵画研究所というものに通って、石膏デッサンやりましたよ、学習的に。で、やっぱり僕なりの方法を編み出したんです。それはたぶん、今まで誰もやらなかった画期的な方法だったんだけど……聞きたい？　ま、それは別の機会に。
結論的に言えば、当然アカデミックじゃありませんから、君は来なくていいということだったのですね。ま、当然の結果です。

——美術教育って何でしょう？

はっきり言ってわかりません。そんなものがあること自体が。ま、呼吸教育とか排便教育なんてものがもし必要なら、美術教育も、というような……。だってその教育にたずさわっている人なんて、抽象画は具象画を卒業したらわかると思っているような人々なんかですからね。だから、子どもの頃から抽象画なんてまだ早いとか言われちゃう。もうメチャクチャですよね。基礎はあくまでも写実だなんてさ。

人間、死ぬまで勉強です!?

いつも、そういう段階的な発展というものを前提にして日々を送っているんです、一般社会人は。まじめにやっていれば課長になり、部長になり、うまくすると役員になる。未来のために、将来のために、今をコツコツ生きる。

やがて輝く絵描きになれるはずなんだということで、一所懸命デッサンをしているわけです。あんまり面白くはないんだけど。僕が通った研究所も、暗かったです。

——将来のために、今、努力する……

つまり、勉強するわけです。食塩は塩化ナトリウムである。チゴイネルワイゼンはサラサーテの作曲である。ウラル山脈はロシアにある。小春日和《びより》は春ではなく秋である。「たらちねの」は「母」にかかる枕詞である。じゃがいもは塊茎《かいけい》であってさつまいもは塊根である。三角形の面積は〝底辺×高さ÷2〟で求められる。中森明菜は昔アイドルで「飾りじゃないのよ涙は」を歌った歌手である……っていうのを全部知っているのが一般教養。

――クイズ番組みたいになってきました。

でも、芸能問題はいちおう一般教養からはずすというところがまた、ネタが割れてしまうところです。一般教養を身につけた人は立派な人とみなすという暗黙のルールがありますからね。立派ではないことは憶えなくていいわけです。

——そんな暗黙のルールができたのは、いつ頃からなんでしょうか？

自然に出てきたのでしょうね。中国の科挙の制度なんていう頃から、その気配は十分あります。

立派に見せる、格式もって見せる、紳士たるもの、近代人たるもの、というときの基礎知識です。〝基礎〇〇〟というのが大事なのね。NHK基礎英語とか。

すべての基礎を整えたら、まあまあの人間になれるということです。それで一生を潰すんですね。一生かかって基礎ができたということです。おめでとう。

――基礎と言うからには、その上になにを積み上げるかということだと思うのですけれど。

時間がないでしょ、そんなに。ひとつのものに特化しても間に合わないぐらいなんだから、そんなに守備範囲の広い基礎教養を身につけようと思ったら……。

――将来のための基礎努力で一生終わってしまうということですか。

具体的に言ってしまえば、基礎でどうのこうのしようと思っているわけではなく、そういうふうに見せかけをつくっていくことで成り立つ社会というのがあるのだと思うのです。

三角形の面積を出すなんていう実際はほとんどないいん

ですがね。これは、ふとした講演会でみんなに聞いてみる楽しみになってしまったんですが、まあアンケートをとったわけですよ、「実生活の中で三角形の面積を出さねばという場面に遭遇した人、そのときに〝底辺×高さ÷2〟という公式を思い出して実際に計算したことのある方、挙手してみてください」……まず、いないんですね。うん、三角形というものが思った以上に世の中には存在しない。おでんのこんにゃくか、斜めに切ったサンドウィッチか、いわゆる三角巾、あとほかになにかあるかなあ……。それほど生活上必然のない公式に、頭を悩ませたんですよね。円周率、連立方程式、平方根、もうちょっと進んで微分積分、三角関数、などなどなど……。これ、一般教養なんですかねえ。

その一般教養というやつを懸命に身につけ、なんとか持ち家を持って、まあまあの音楽は知っていて、まあまあの絵を知っているというような、セザンヌとルノワールとピカソの違いぐらいはわかっているというような一般教養人になるために、血眼《ちまなこ》になっている。そのチェックのために試験がある。試験が終わればほとんど忘れちゃう、ということです。

——耳が痛いです……

でも少しは憶えているわけですが、とりあえず実感をもって憶えたわけではないので自信はありません。ですからそういった勉強人は、「音楽は好きなんですけど、そう詳しくは……」とか「ちょっと最近忙しくて、あまり読む時間がなくて……」などと苦しくなります。具体的になったときにはピンチになってしまうわけです。かわいそうに。

――せっかく積み上げた基礎の行き場が……

ひとつのことに特化して仕事にしようとしたときに、さて、今までの基礎が役に立ったか、というのは検証してみるべきですね。まあ役立ったと言えることがあったとしたら、やはり例の〝読み書き算盤〟だけだということになるのでしょうね。

――それ以外の、いわゆる基礎と言われるようなものは勉強しないほうがよかったと?

専門的な仕事をするときに、今までに勉強してきたことが相当マイナスになっている、現場でもう一回やり直しということになっているだろうなという予想はありま す。だから、学校出てもすぐ就職できないという事実が

あるわけです。本気の場所では。

そして勉強とはまったく関係ない、誰がやってもそれなりに出来るというような仕事がほとんどということになっているわけです。ちょっと習えばそれなりに出来るというような。ここでもあの十数年を費やした勉強ってなんだったの？　ということです。

——二度手間というか、骨折り損のくたびれ儲けという感じがしてきました。

もしあなたがこの人の顔の面積を知りたいと
おもったら. 半径×半径×3.14で
ほぼ求められます。
おためしください。

そういうことになっているんです

なにはともあれ、なんでこんな学校中心の社会になったんだろうかと思うのね。「学校で勉強」「学校で成長」、それ以外にはあり得ないと。

——1日の3分の1ぐらいの時間を学校で過ごすわけですからね。

でもその内容は結局テストのためでしょ。進級進学の試験のためでしょ。テストのために字を憶えて、テストのために計算して、テストのために文章書いて、テストのために公式憶えて……なにも身につきませんよね。

さらに、考える力も工夫する力も創造する力も学校がつける。さらに、正しい習慣も善悪の判断力も学校がつける、とまで言うわけです。で、それっぽい手軽なテキストが用意されるのさ。とりあえずのカリキュラムがあるのさ。たとえば文章を読ませて「〇〇の気持ちを考えてみましょう」「お話の要点を50字以内にまとめましょう」っていう例のやつです。

クマが主人公のお話があって、「そのときのクマの気持ちを考えてみましょう」なんて言われて「わたしクマじゃないからわかんない……」と素直に答えたAちゃんの答は無視されます。そこで期待されるのは先生にもわかる答です。

――なるほど、規格外の答には点数がつけられないですからね。先生は困ります。

初等の英語教育なんていうやつがダメなのは、だって
ここ、英語圏じゃないものというごく単純な理由です。
英語の風土に行けば、いつの間にか英語が入ります。方言だってそうでしょ。沖縄の言葉だって最初はぜんぜんわからないけれども、行ってしばらく暮らしていたら、言葉が入るでしょ。

そのことを、習うと言うんです。勉強するのではない、習学するんです。その風土にしばらくいれば、寒さ暑さ、湿度や乾燥にも慣れてくるというのと同じです。

――その〝慣れる〟という意味で、英語はできるだけ早く小さい頃から慣れ親しんでおいたほうがよい、自然に身につく、という考えもありますよね。

考えじゃありません、風説、あるいはウワサってやつです。

たとえ小さい頃から英語塾に行って、玄関入ったらずっと英語じゃなきゃダメよとやったところで、しばらくやっていればそりゃ、“Nice to meet you.”とか“I like a banana.”ぐらいは喋《しゃべ》るようになるでしょうけれど、玄関出たら、“Nice to meet you.”の風土じゃないんだもの、意味ありませんよね。で、面白いのはそういう所に子どもを通わせる親の共通した言い分です。決して強制しているんじゃありません、子どもが楽しんで通っているんです、というやつ。ほとんどの親がそう言います。塾のほうも異常に楽しげな雰囲気を出します。実にあやしい空間だよ。4、5カ所見たことあるけど。

さらにその前に誤解しているのは、「英語が喋れる」というのは、言葉のことじゃないのよ。コミュニケーションをするっていうこと。その微妙さというのは、現場に行けばみんなわかると思う。

――そうおっしゃる五味さんは、英語は……？

ぜんぜんです。僕の本は海外でもだいぶ出版されているから、ヨーロッパなどに行って出版社の人間と会ってきたなんて言うと、「五味さん、英語が堪能なんですか」ってよくみんなに聞かれるよね。ぜんぜん。でもさ、不思議なことにコミュニケーションはなんとなくできているようです。翻って、それぐらいの英語は喋っているのかもね。ちゃんと間を取り持ってくれる人も周りにいるわけだし、それ以上の必要があったら専門家に頼めばいいしね。

――ワークシェアリングですね。

冷ややかな見方をするとね、「英語が喋れる人」になろうと思って喋れるようになった人は、実にくだらないことしか喋れないの。喋っても喋らなくてもいいことを鮮《あざ》やかに喋る人、なの、たぶん。

本当のこと、伝えなければならないこと、つまり実務的な、あるいはちょっと難しい話を喋ろうと思ったときには、無口になってしまうわけです。そこまでの語学力というのは、母国語でさえ難しいのだから。一般教養志向では喋れないのです。英語喋ろうが喋るまいが、馬鹿はあくまで馬鹿ということです。

――……そこまで言われると……。馬鹿というのは、勉強できない人という意味ですか？

I can not speak English!
Exactly!!

学習できない人のこと。勉強しかできない人を馬鹿っていうの。

——こなす人？

対応するのに努力している人。対応力だけがついた人。だって十数年間もその訓練だけ真面目にやってきたんだもの。勉強していれば、ある程度一般教養が身について、まあまあの大人になったつもりでいるというのが馬鹿なんだよ。だからたとえば「何故そうなるのですか？」なんて質問されたりすると、「いやあ、そういうことになっているんですよね」なんて答えるしかないような……。

——あっ、その対応、よくありますね。役所の窓口や交通取り締まりの警官とか、もごもごしながらも上から目線でそう言う人、多いです。

とくに学校的な勉強はできなくても反応できる人というのは、学習する人なんです。わからなければ学習すればいいと考えられる人なのです。大人ぶらなくてもいい人です。

ずっと勉強ばかりしてきた人は、当然現世に反応できにくいですから、そのままの形で今度は子どもに強要するんですね、勉強しろって。それ以外、子どもに対して言うことがないんです。で「せめて高校までは出てくれ……」とか「それが出来ないのならオレは知らん、家を出てゆけ！」なんてキレたりするわけです。メチャクチャです。でもあまりにもよくあるパターンだね。そしてやがて生来の学習人が勉強人化してゆくわけです。気の毒なことに。かわいそうに。

――対応する人と反応する人の違いということですね。

勉強なんかしている場合じゃない！

——どうやら世の中には、2種類の人種がいるようですね。〝勉強人〟と〝学習人〟。

生まれつきの学習人資質をなんとかキープしてそれなりの学習人生を歩んでいる人と、社会体制の枠《わく》組みの中でいつの間にか勉強人化して生きている人がいる、ということです。

——いつの間にか、というところが曖昧です。

今、勉強人が主流であることは間違いなく、その人々が作り上げてきた社会があちらこちらで破綻《はたん》してきているということです。つまり勉強人じゃ無理なのよねえ、という感じに満ちているわけです、世界的に。勉強人が作る社会は脆《もろ》いのよね、危ういのよね、つまらないのよね、息苦しいのよね、と学習人が言い始めているわけです。学習人は生来のんびりしているタイプですから、言い出すのが少し遅いというキライはありますけど……。

――学習人資質をキープするにはどうしたら……？

「わけのわからない勉強なんかしてちゃダメだ！」と気づけばいいのさ。「勉強なんかしている場合じゃない！」と思った瞬間から、学習人資質を取り戻せるわけです。努力の方向が修正されてくるのですよ。

勉強は、どうしても嫌々になりがちですよね。学習は、楽しいからどんどこ行く。同じ学んでいくという方向にあるようなふたつの現象なんだけれども、ぜんぜん違います。

――学ぶ方法が違うんでしょうね。教えてくれる先生とか、テキストとか……

僕の本はお勉強っぽい本も多いけれど、実は学習っぽいわけです。迷っている人も含んで、みんななんとなくついてきちゃうんだ。それがまた、勉強の課程で出てくるわけですから余計こっちのほうが面白いということで、学習に目覚めちゃうんですよね、どうやら。

たとえば拙著『ことわざ絵本』、お勉強課程でも例のとりあえず感覚で教科書に載ったりするらしいのですけ

ど、たとえば「鬼に金棒」ということわざを身につけて使えるようになるのが勉強なんだけれども、僕の場合はそれでは収まらないから、「鬼に金棒、つまり、現代的に言うなら、美人に体力なんていうことよ」などとやるわけです。これ、学習のたまものです。鬼も金棒もちょっと古いよね、現代っぽく言うとどうなるんだろうと見事に（見事にと自分で言うのも学習人の悪いクセです……）言いかえるわけです。

――学習する人は応用ができるということ？

違う違う、基本が違うんです。興味本位でやっているということ。一般教養に向かってではなく、自己教養に向かってやっているからです。一般教養人は、「そんなこと考えていてなにが楽しいの？　いつまでもこだわっているんじゃないよ」で片づけちゃうところを、学習する人は、「こういうのをこだわるのが面白いのよ」って、ひとりでいつまでも考えているわけで、勉強人には馬鹿に見えるでしょうな。でもいいんです。

――学習人は熱中しやすい……？

たとえば宮澤賢治。子どもの頃にみんな読みますよね、「雨ニモマケズ、風ニモマケズ……」、教科書にも載っている。これ、カタカナだから易《やさ》しいと勘違いしちゃうんでしょうね。『銀河鉄道の夜』とかもロマンティックでわかりやすい感じがする。で一般教養人は、「子どもの頃読んだよね」で終わらせます。もう卒業したものとされる。ところが、気になる人、忘れられない人がずいぶん出てきて、一般教養で終わらせるにはもったいないと感じたあたりで学習人化するわけです。やっぱり面白いよねと、ずっと読み続けていく。個人の質で。どういう意味なんだろう、彼はなにを言いたかったんだろうというのを探るのに十分なパワーが賢ちゃんにはあるから（あ、すみません、つい親しいので賢ちゃんなんて呼んでしまいましたが宮澤賢治氏のことです。尊敬より敬愛というほうを重んずるのが学習人です。学習人は興味あるものをごく親しく感じる、これまたクセがあるので……）個人教養として蘇《よみがえ》る率が高いのだと思うんです。

するとあとから一般教養人たちがついてきて、「宮澤賢治はスペシャルだ」ということになって、これまたわざとらしく急に「宮澤賢治を認めない人はダメよね」、「宮澤賢治をクリアできなければ一般教養人じゃない」といった具合になって、今度はお勉強で読まされることになる。学習人は置いてきぼりにされます。

「雨ニモマケズ」なんかに
マケない人に
わたしはなりたい……

なんでそんなに急ぐのかな？

ごく大雑把《おおざっぱ》に言えば、どうやら維新以後、学校中心の社会ができたから、その中にいろいろなものを組み込めるだけ組み込んでしまったんだろうね。朝から晩まで月曜日から金曜日まで学校漬けというのを。

これは、戦後復興とか産業中心主義の社会の中で、大人の社会が朝から晩まで仕事漬けという形になったバランスとしてなんだろうけれど、子どもは朝から学校漬け、家にいるおかあさんは家事漬け、という具合になった。

「漬け」というのはとりあえずいい感じよね。

——中毒って感じがしますね、「漬け」は。

なにか集中して一所懸命やってまーす、という状態。一夜漬けじゃないのさ、毎日漬けなのね。つまり時代が一所懸命だったたから、そのついでに当然子どもも一所懸命という形をとったわけね。もちろん先生も。

で、学校が子どもの暮らしを全部面倒見ることになったわけです、いつの間にか。子どものことはすべて学校で、となった。

——先生が、子ども漬けになったということですね。子どもは先生漬けになったと。

先生は、子どもの学習だけではなく、たとえば生活態度、健康衛生面、躾《しつけ》までやらざるを得なくなっちゃって、いろんな種類の仕事を課せられるようになるわけです。

――爪やハンカチ・鼻紙の抜き打ちチェックとか、ありましたね、そういえば。

子どもの成長というのは全部先生の仕事になっちゃったんだ。先生が良ければ良く成長し、悪ければ悪くなるといった調子ね。でもさ、そんなことはなから無理だし、不自然なわけだから、どうしてもその実際はデッチ上げになるわけさ。結果、ものすごくイージーな躾論、イージーな教育論、イージーな健康管理論というのを、ずーっと学校が責任を持つようになってしまった。悪気はないんだろうけどね。

だからたとえば健康管理といったって、身長とか座高の測定なんてばかりやるのさ。ツベルクリンとかＢＣＧとかさ。

――新型インフルエンザ予防のための手洗い指導とか。

そんなの保健所の仕事なんだけど、なぜか学校でやるのさ。

そのさらなる発展形として、学校が子どもの進路を査定して、進路を決定して、次の学校に送り込むというような不思議なシステムができるわけです。「人生」を司《つかさど》るシステムになるわけね。進路指導、三者面談なんてやつね。

――うわあ、だんだん重たい雰囲気が漂ってきました……

面談をする先生は、当然のことながら、子どもとそう長い付き合いではないわけですから、それにかなりの人数を受け持っているのだから、はじめから面談するほどの材料は持ち合わせてないんですね。ま、このところの態度やテストの結果ぐらいが「人生」を指導する材料となるわけです。そして親も、子どものことをほとんど学校に任せているわけだから、親も先生もよく子どものことをわからない。そのわからない同士を中心に三者面談が始まるということになります。そうすると実に奇妙な三者面談になって、子どもはさらになんだかよくわからないなあという状態になるでしょうね、当然。

で、この面談はとりあえずあなたの将来のことについて考えているんだ、となっているわけですから、ボーッとした子は、ああそうなんだと思って、「どうもあなたはあんまり勉強できないから専門学校ね」とか「商業学校で早く手に職つけなさい」とか、「けっこう勉強できるから大学行ったほうがいいんじゃない？」「うちお金ないんですけど……」「じゃあ国立がいいんじゃないですか、でも難しいですよ」なんていう感じで、なにがなんだかわからないうちに将来が展望されてくるわけです。いちおうめでたいです。いちおう有難い感じもします。

――子どもは素直だし、自分はまだ経験したことないから、人生の先輩である先生や親がそう言うならそうなんだろうなあと思いますよね、いちおう。

そのときにたとえば、「ぼく、ちょっと考えたいんだけど」とか「わたし、少し休みたいんだけど」「いろいろ作戦があるんだけど、今はまだまとまっていないんだ……」というような微妙な、かなり本質的な子どもの意見、思いなんかは、どこかにいってしまう。その価値なり意義なりはどうでもよいっていってされちゃう。そういう用意がないのよね、親にも先生にも。だってなんだか知ら

三者面談って言ったって、これさ、こういうことやれ
って上の方から言われてるだけなんでさ、よくやり方わ
かんないし、やったところでダメな子はダメだし親
の方だって とりあえず呼ばれたから来るんだし、だい
いち、あたしだって教師でかせいでいるだけなんだか
らさ そんなに責任もちたくないし、自分の生活のほうがなん
ぼかしんどいし。それに
子ども子どもって言っ
たって あたしま
だ子どもいな
いし。結婚
話しもそう
ないんだ
から。は
やいとこ
ろなんと
かしたい
んだし。
だいい
ちはか
い話
こんなこ
とめ
んどくさ
くて
やってら
れな
いんだ
よね
まったく

ないけれど急いでやっているんだもん、両方とも。早いところ片づけたいんだもの。「とりあえず……」って感じなのさ。

――なんで急いでいるんでしょう?

仕事だからだと思うのね、親も先生も。そんな仕事、最初からあまりやる気もなかったんだろうけど、なぜかそういった役割が回ってきちゃったということなんでしょう。対応型の仕事ってどんなものでも手早く片づけたいじゃないですか、なるべくトラブらないで。

たとえば大掃除なんてやつ。あんまりしたくないんだけど暮れも近いから掃除でもするべえって、とりあえず急いでやるでしょ、そんな感じ。

なにしろ、処理するわけです。

――お正月も迫っているし、ぱぱっと見えるところだけでも整えて、気分出さなきゃって感じですね。

大掃除のときって、これどうしようっていう荷物が出てきたときに迷うじゃない。捨てようかな、もうちょっと置いておこうかな、もしかしたら面白いかもしれないしって、中途半端なものって大掃除には困るわけだよね。子どもについても、中途半端な状態は困るから、「はっきりしろよ」となるじゃない。

そこで子どもというフシギな位置の生物は、今なにがしたいのかわからない状態のときに、しばらく落ち着いて考えたいとか、感じていたいとか、個人的な事情がいっぱいあるはずなのに、そこのところはほとんど無視されてしまうから、親と先生をなんとか説得するだけで精一杯になっちゃうわけだよ。

そのときに、学校だけで勉強してきたので残念ながら、表現力というのが乏しいわけ。クマさんの気持ちなんていうのばかりやってたから肝心な自分の気持ちってやつを的確に表現する力が育ってないのね。だから言えないんだよ、それで黙《だま》っちゃうんだよ。あるいは「俺のことなんか誰もわかんねえ」って、もう面倒くさくなっちゃって、「産んでくれって頼んだおぼえはねえ」ってすごい名セリフが出たりするわけ。それは表現としては雑だけれどかなり当たっている叫びだと思うよ。

愛しているはずなのに、なんで？

「俺のことなんか誰もわかってない」「私のことなんて誰も気にしてくれてない」、これ本当なんだよね。

だけど親も先生も、気にしているフリはするわけ。まさに仕事だからね。大掃除しているフリといっしょね。それにとにかく急いでいるからややヒステリックになって「あなたのことをこんなに心配しているのに、わからないの！」とか、もっと芝居がかっている人は「こんなに愛しているのに」って、そこまで言っちゃうよね。

――でも、愛してますよね？

愛してるよ。子どものほうが親をね。

——親も子どものこと愛してますよ。

うん。そこさ、不思議なのは。愛しているはずなのになんで？　ってことさ。

生まれ出て、あんなに可愛い子を、なんで社会の中に放り出しちゃったの？　幼稚園の先生の言うとおり、学校の言うとおりって、なんでなっちゃうんだろう、ものすごく不思議です。愛しているってことの側面を敢えて冷静に言えば、あなたの人格を認める、その私の人格を認めてってことだと思う。あなたが大事、だから私が大事、お互いが本当にこの世の中で大事だよねっていうことが愛しているという現象だと俺は思うの。恋をしているのとはちょっと違うと思うの。お互いに大事だよねというのを確認し合えている状態が愛し合うということ、そのことについて、なぜ放棄せざるを得なかったんだろう。

――大事だからこそ放りだすというのとは、違うのですか？　よく「可愛い子には旅をさせよ」と言いますが……

その子の気持ちを考えるよりは社会のほうが気になってしまう、そして社会に準ずることを子どもにも仕向けることになる……。

子どもというのはまだ、やや原始的な生命的な親近感の中で親を愛しているわけです。その愛については少しぼんやりしているのね。それで十分なんだけど。でも、親のほうが先に、愛に生きるパワーを失っちゃうんだよね。雑念がものすごく入ってしまうわけです。愛しているヒマがなくなっちゃう、あるいは愛するということがどういうことなのかわからなくなってしまうということかな。それで生物的親をやめて、社会的指導者、監視者みたいになるわけね。

じっくり自分の周りの大事な人を愛しているよりは、なぜか社会のほうが気になってしまっている。もっともっと根っこ深く言うならば、自分を愛するということを学んでこなかった、自分をゆっくり愛するということについて限りなく侵害、妨害される歴史の中で生きてきちゃったのではないかと。

――その歴史は、明治維新以降のことだと？

その根源のひとつになっているのが教育制度だとは思います。才能を伸ばすとか実力がつくということだけの目的で、一所懸命子どもを侵してしまう。教育が子どもを侵す。それで育ってしまった子どもたちだという気がするの、その親たちが。さらにその前の親たちが。

愛されなかった親たちの歴史なんだよね。

愛されなかった親たちの子どもはやはり愛されないわけですから、その子どもたちも愛するということについて心の準備もできていないということなんでしょう。実に根が深いわけです。

——愛されなかった……と、言い切る？

言い切っていいと思うね。言い切るよりありませんよね。

だって先生がたとえば「お宅の子、なんか乱暴なんですよね」なんて言ったら、「えっ、そうですか？　この子、ただの乱暴者じゃありませんよ」って言えないんでしょう。「あなたなんで乱暴したの？」ってひと言聞けば、「だって○○ちゃんが蹴るんだもん」なんていうのが絶対あるんだよ。乱暴には必然がある。その子の乱暴に丁寧に対峙《たいじ》する、その子の存在に対峙する、そういう細かいことを単純に出来るのは、その子が可愛いからでしょ。つまり生物的な親子だからでしょ。

ところが多くの親は「どうしましょう」と慌ててしまうわけです。そして「乱暴しちゃダメよ」なんだ。

——「言い訳無用」という感じで、子どもは一方的に怒られてしまう。

先生も、この子にはこの子なりの何かあるんだろうと一拍置ける先生がほとんどいないのさ。単純に「この子うそつきなんです」「教室を歩き回っているんです、困るんです」そのぐらい含みのない人たち。これも愛されなかった人たちなんですね。残念ながら。

――親に信用されなかった人たち？

そう、愛するということは信用するということです。ちょっと色気のない言い方ですが、愛ってそうベタベタしているものではないと、けっこうサッパリ、ノンビリした心の状態だと思います。ベタベタしているのは「ごっこ」だ。愛し愛されごっこ、これはタチ悪いです。家庭ごっことか、友情ごっことか、恋愛ごっことか。

――なんで「ごっこ」になっちゃうんでしょうか？

穏やかに信用し信頼される形が、あちらこちらで崩れちゃっているんでしょうね。その不足を補うために、言葉からくるイメージを意識的に追い求める、そんなことなんじゃないかな。たとえば、ばかに「家族愛」みたいなことを言いますよね。あるいは「恋愛」「友情」みたいなことを必要以上に価値あるものとして取り扱う。そんなこと多いですよね。さらっとはいかないですよね。その結果として、自然現象ではなく作為的な家族、恋人、友だち、というようなものが横行するよね。

――そういえば、小学校の頃から友だちとの間で「私たち、親友だよね！」という確認みたいな、ちょっと面倒くさい心のやりとりがありました。

恋愛に関しても、恋人がいる、いないってなことをも

のすごく気にして、敢えて無理無理にデッチ上げたりするよね。家庭でいうならば、一家の団欒《だんらん》というようなことが演出的になってしまったり、家族の会話というものを意識的に組み立ててみたり。そこでますます気持ち悪いことになるんだけどね。

——わざとらしいシラけた雰囲気が漂っちゃいますよね、そういう空間には。

そこには、家族愛は良いものだ、人と愛し合うことは良いことだ、友情は良いことだ、なんていう三文小説あるいは劇画かなあ、そんな雰囲気が満ちているんだよね。そのなかで、作為的にセックスしたりするわけさ。ところが身体はまだ自然物だから、妊娠、出産よね。でも、精神は自然には発達していないよね。生まれ出た赤ちゃんをどうやって育てるかということを、さらに作為的に考えるしかないよね。彼らを取り巻く情報っていうのは、可愛らしいベビーグッズと絵本なんかも絡《から》むのかなあ……楽しげな雰囲気に満ちているから、自分たちもそんな感じでやろう、なんて考えるんだろうね。

――映画や雑誌で見る、素敵な家族、素敵な子育てのパターンですね。

でも、作為的だからやがて限界がくるよね。そこで若いパパママがなんとかすがるのが、今の育児論、教育論。そこでもほとんどハウツーものだよね。ハウツー本で勉強するんだよ。で、ハウツー本が扱えるものは限りなく物《もの》的だものな。お料理とか、パソコン入門とか、株の取引とか、冠婚葬祭の礼儀作法とか。そこで扱われる育児法は、どうしても物的になるよな。作為的に展開する行いは、作為的に続けていくしかない。だから、それ以降のいわゆる初等教育なんていうものも、まさにハウツーの世界に成り下がったんだろうね。

だって幼時の頃から、たとえば心の問題でさえ、図式で伝えられる機会が多いんだからね。

——どういう意味ですか？

たとえば、やさしさとか、仲良しとかさ。誰かになにかしてあげる、誰かになにかしてもらう、ありがとう、みたいな。あるいは、お友だち同士けんかするけど仲直りしてよかったね。こんなのばっかりだよね。あと、助け合いかな。つまり、心の形というものも学校で勉強するんだね。だから、ひとりぼっちは悲しいです、みんなでいると楽しいです、お家《うち》に帰ると安心します、悪いことすると罰《ばち》があたります……。心というものをまさにハウツーで考えるんだよね。心の取り扱い方とでも言うのかなあ。だから、心というものが非常にキャパシティーの狭いものになるよね。許容性の狭いものに成り下がります。つまり図式化されるわけだ。

で、実際の暮らしの中で、たとえば赤ちゃんが泣きました、そのときその図式に当てはめてみるしか手がない、俺、赤ちゃんに聞いたことあるんですけど、あのときなんで泣いたの？って。赤ちゃんもはっきりわかりませんって言ってましたよ。泣くということは決して図式化では捉えられない、捉えるべきものでもないはずなんだけど、その現象に対処することばっかりに心を奪われるんですよね。結果、赤ちゃん対処しきれない場合はキレるんですよね。赤ちゃんがピンチになるよね。下手をすると殺されちゃいますよね。

ねえ
はっきりしてよ.
愛してるの? 愛してないの?

子どもって本当に気を遣っているよ

非常に浅い子ども教育理論は、子どもというものをなぜか物的にとらえ、繰り返しやれば覚えるはずだとか、鉄は熱いうちに打てみたいな理論を平気で言います。子どもはしっかり躾けておかなきゃダメよとか、たくさん愛せばいい子になりますとか、いっぱい絵本を読むと情緒豊かな子になりますとか。そのぐらい物的で雑なことを単純に信じてしまう大人というのは、たぶん愛されなかったんだろうなとしか思いようがないわけです。もうすでにどこかが破壊されてしまっている、あるいはどこかが未発達のままのような。それが親になれば、愛する

という形が自分でもよくわからないよね。ましてや、子どもに愛されていることさえわからない。

――でも、子どもはまだ、そういう親の状況に気づいていませんよね。

子どもって本当に気を遣っているよ。お父さんお母さんのこと、すごく心配しているよ。先生のことだってさ。翻って、子どもに心配されるようになったら親は成功だなんて冗談半分で言うことあるのだけれどね、それけっこう当たっているんだ。きちんと育った子はほとんど親のことを心配している。つまり自分にとって大事な人たちだからさ。だから、親を心配できるようになったということはきちんと育ったということなわけね。俺なんかいまだに娘たちに心配されているよ。

――心配するより心配させろ、ですね。でもたいていの親は、いつも社会的な親としての義務を果たそうと躍起《やっき》になってしまう。

子どもを生物的にゆっくり見るという習慣がついていない社会なんだよ。社会の中でしかその子を見ていないのね、恐ろしいことに。それはたぶん、社会の中でしか、あるいは学校という中でしか個人個人を見ない教育を受けてきた人なんだと思う。家に帰ってきても「勉強したの」「宿題できたの」って学校基準でしか物を喋れない、そういう暮らしをしてきた親の歴史なんだと思う。そんなことはさておいて、もっと大事なことがあるだろう、ということについてはもうわからない人たち。

先生に叱《しか》られないように、できればほめられるように、学校で「優」ならば優で「良」ならば良で「劣」ならば

劣な人間であるということを自ら認めなくてはならない生活。その査定《さてい》が自己認識のすべてなわけだから、その査定力に怯《おび》えてしまうわけです。社会の目に怯えている人々、自分は怯えているとはっきりとは自覚していないけれど、完全に社会に怯え切ってしまっている個人というのが生まれたんだと思う。それ、学校教育システムの大きな罪です。

――自分を殺してね。

いや、殺されちゃうんだよ。
生まれつきの力をほとんど殺されて改めて再教育（している側には「再」という感覚はないだろうけれど）されて、めでたく誕生したのが勉強人、あるいは学校人。

なんでそんなに学校が大事なの？

その学校人は、学校的なものがすべてだから、そこの評価査定については敏感になるわけです。成績が良いのは良い。成績が悪いのは悪い。先生に怒られるのは悪い。ほめられたことは良いことだと考える。ただそれだけ。

——考えようによっては意外と簡単ですよね。評価がはっきりしているから。私、かなり優秀な学校人だったような気がします。

はいはい、君のような先天的に陽気な人格の人は、楽

勝です。実は俺も、学校でトラブっても逃げ道や闘い方を知っていましたから、そう苦労はしませんでしたよ。でももう少し細い、弱い子がいるのです。そしていわゆる真面目な子がいるのです。そういう子のほうが多いのですよ。そして親です。弱い親がいるのです。そこでひとつトラブルと、子どもの行き場が無くなります。学校的にしか子どもを見る手がない社会の中では、行き場が無くなるわけです。

今、学校に行っていないのは悪い子です。学校行かないと「きみ、どうしたの？」とみんなに言われます。補導されちゃうわけです。ま、犯罪者です。

――今までに、学校に行かない人は悪い人になっちゃったなんていう歴史があるんでしょうか？

無い。

――じゃあ、なんでそんなこと思ったんでしょう？

学校制度というやつを守りたいという、ものすごい情熱がなぜかあるんだと思う。俺がむしろ聞いてみたい、なんでそんなに学校に躍起になるんですかって。

これはたぶん教育というものを産業にした大人の理論だと思います。

ヘッジファンドに躍起になっている人に「なんでそんなにお金儲けたいの？」と聞きたいのと同じレベルで、「なんでそんなに学校が大事なの？」って質問したいです。学校に行かない人をなんでダメ人間みたいに呼ぶの？　なんでそんなに学校に行かないとダメになるって脅《おど》かしたの？

そんな馬鹿な質問をしても答はかえってこないだろうから、少しガッツのある子は、少し品のある子は、少し自信のある子は、少しのんびりした子は、少し付き合うことに疲れた子は、学校をやめていくんだ。学校という制度から少しどいてみようと思うんだよ。実に正しい選択だ。

――いつの間にか、人間って一本道があるようなイメージがあって、そこから一度はずれちゃうと二度と戻れないという恐怖があるような気がします。

学校行かないでダメになった人は果たしてどれだけいるのかなんてデータは無いわけだけれど、学校行ってダメになった人というのはこれだけ出てきているのだからもう証明済みよな。学校出たのになにも身につかなかっ

た人、なにしていいかわからない人が、これだけ出てきているわけだからさ。

少なくとも初等教育は受けて、高校も出て、下手したら大学まで出た人が、のぞきやって、飲酒運転やって、少女買春やって……。

学校出ていないとダメな人になるとか学校出たからダメになるなんて因果《いんが》はそこにないよ。つまり学校って関係ないのよ。

学校出てないと
悪い人にも なれないぞ!
6-3

されど学校なんだね

学校というものをなんでこれほど重要視して、なんでいまだにあるのかというと、学校出てないと資格を与えないというシステムがあるからね。これが最後の砦《とりで》。資格を取るには学校を出ているということをまず前提にしておいて、それがなければ次の試験は受けられませんよと。次はないですよと。就職もまともにはできませんよと。自衛隊にも入れませんよと。

――学校行かないと悪い人になるというよりは、苦労するよということですね。

認められないということです。学校出た人はそれなりの実力があるということになっているわけです。で、果たしてどんな実力がついているのでしょうかと身の回りを見まわしてみると、あららら……ってなわけで。そして、いろいろな実力のあるやつにけっこう出会うわけだけれど、それ、おしなべて学校でついた実力じゃないよねっていう具合なのさ。みんな自前でつけた実力なのさ。

で、学校人は社会に出てもやっぱり学校人だから、どうしても先生みたいな存在を求めちゃうのさ。とりあえずいい会社、いい社長、なんてやつさ。つまり指導者ね。

——自分はいつまでも生徒でいるわけですね。

そうね、その形にいちばん慣れているからね。

♪学校いちばん
教師はにばん
3時のおやつは
文科省っと!!

――やっぱりそこでも叱《しか》られないように、なるべくならほめられるように……

会社でもやっぱり評価、査定だものね。ボーナス制度なんてどうみても大人のやることじゃないよな。

――現代の企業風景は、驚くほど学校風景と似ていますよね。朝礼とか体操とか、集団検診とか。

三者面談なんてのもありそうだね。

――上司との面接、ありますよ。毎年「役割と目標」なんてのを書かされたりして。

会社休むときなんかも親が死んだりしなくてはいけな

いわけさ。

ところが企業体というものは営利団体なわけだから、時代に応じていろいろと変化するでしょ。いわゆる経済動向に対応してさ。そこで社員もそれなりに対応させられるのだけれど、なにしろ社員といったって生徒なんだから、よくわからないわけよ。だから先生の言う通りに、たとえば伝票の整理したり、急に外回りに出たり、よくわからないけれどとりあえず詫《わ》びに行ったりするわけです。

俺のところにも企画書なんか持って相談に来る人が時々いますけど、企業から来る人はわりあいそういうの不得意な人が多いわけね。企画課にまわされちゃったのでがんばってますみたいな。俺そういう事情わりとよくわかるから、そういう人にはけっこう優しいです。ちょっと気の毒だしね。だからしょうもない企画、なんとか工夫して恰好つけてあげたりしてます。でも、俺けっこう心配性だから、そんな不得意な人が不得意なことやっていて企業自体だいじょうぶかしら、なんて思ってたら、けっこうだいじょうぶじゃない。潰れたりするわけ。

会社潰れたりするじゃない。それとても困るんですよ、とくに社員は。生徒は。学校ってあまり潰れませんよね。学校は潰れないけど企業は潰れることがあるわけです。で、生徒の社員は手の打ちようがなくなります。そういうときの対処の仕方、学校で習っていませんから。で、ハローワークです。ここは少し慣れてます。予備校と同じ感じだからね。

とにかくいつまでもいつまでも学校感覚がついて回るわけです。

だらだらしていると叱られる…

生まれつき適当な人っていますよね。ある程度器用で適当にそれなりに出来る人。ま、俺もそうなんですけど。適当がいいわけです。学校も適当にやり過ごす。わずらわしいことも、ま、適当にクリアしてゆく。目の前の枝や草を切ったりよけたりしながらジャングルを歩いているみたいな。そういう人は、企業でもフリーランサーでもなんとかいけます、適当に。

――むしろ目の前に枝とか草とかあっても気づかないぐらい鈍感なのだと思います。

でも生まれつきちょっと神経質だったりきちんとしてたり、あるいは少しのんびりしていたりやや不器用だったりする人がちょっとつらくなります。適当にはゆけない人たちです。そういう人たちがピンチになってしまう世の中なのですね。お馬鹿な競争社会の中で、置いてきぼり食ったりオミットされてしまいます。そんな存在に少しも気づいていない、気づいていてもなんの手も打たない学校社会なんです。

――きちんと真面目に対応しようとしてきた人ほど、結果、社会の中でつらくなってしまうということですか？

学校はもうとっくに卒業しているはずなのに、その学校によってつくられた人格というものがずっとつきまとって、ほぼ一生ものになってしまった人々が醸《かも》し出す

叱られるのが 人生だと
ぼくは 思います。
ごめんなさい.
もうしわけ
ありません.

社会の雰囲気というものがありますね。

たとえば、美術館。

この国の美術館はどこへ行っても本当に静かですね。みんな息を殺してまさに拝観しているような気配です。なにしろある美術なりを理解しよう、把握しよう、そして鑑賞しようとするわけです。そして美術館側もほぼ同じ価値観ですから音声ガイドなんかサービスする。ついでにガイドブックの画集売ったりしてちょっと儲けます。教科書です。それでつまりざっと勉強して、ある満足をするわけです、どうやら。僕の展覧会ではよく子どもが駆け回って大人に叱られたりしてます。教室で駆けてはいけないということです。美術館はあくまで美術を勉強する教室ということです。

――ご一緒させていただきましたが、五味さんも美術館、すごい早足で回ってますよね。どんどん飛ばして観てますよね。

駆けてはいませんがほぼ早足ですね。どんどん観ますが決して飛ばしてはいませんよ。どんなに早足でも出会うべき絵には出会うのです。ピタッと足が止まるわけです。見落としなんかありませんよ。だって僕の場合、僕に出会うべき絵を探しているからそういう歩き方になるんです。学習ですからね。

——私は順路どおりひとつひとつ観てしまいます、なんとなく。何という作品で何年作で画材は何かなんてクレジットと見比べながら、絵と対峙し、はい、では次、という感じなので、かなり時間かかります。全部見た結果、中ではあの作品が印象に残ったなあ、あれが好きだったかなあという感じですね。

えっ、本当？　君もけっこう勝手に歩いてましたよ。早足ではないけれど。ぶらぶらあっちこっち歩き回って、時々俺とすれ違ったりして。それが君の学習スタイルってことでしょ。顔見ていればそんなことわかりますよ、楽しそうだし。

――まあ楽しいです。

楽しいのは学習です。でも多くのいわゆる文化施設はどこでも勉強なんだよ。図書館なんかも似ているわけ。楽しい読書なんて方向ではちょっと行きにくい。何か調べたりしないとね。今の利用者はほとんど受験勉強です。図書館の緊迫感、音楽会の緊迫感、美術館の緊迫感、

この社会の文化はお勉強なのね。つまり真面目なのさ。ことごとく。

音楽会でも、パンフレットをよく読みますね。今日はベートーヴェンのヴァイオリン・ソナタです、1曲目は「スプリング」、第4楽章まであります、なんてさ。途中で拍手すると笑われそうな気がするからさ、一応勉強しておくわけ。だからとりあえず静粛が原則になりますよね。で、勉強じゃない放課後みたいなノリの音楽会、まあこの場合はロックとかポップスとかやや若者系の音楽なんでしょうけれども、とりあえず無礼講《ぶれいこう》な感じになります。必要以上に大騒ぎです。ジャズがちょっと曖昧ですね。伝統的なような気もするしポップなような気もするので、けっこう曖昧な感じになります。僕の趣味としてはさ、カテゴリーに関わらず音楽なんてさ、ちょっと飲みながらちょっと食べながら聴くようなもんだと思うんですけどね。ああ、そうなるとディナーショーみたいな気持ち悪いことになっちゃいますか、困ったね。

この緊張とダラケの関係は、学校でも味わいますよね。授業は静かに、放課後は大騒ぎ。

――メリハリがきいてて、いいんじゃないですか？

メリハリというよりは強制と解放の現象ということなんじゃないかな。

講演会はますます勉強っぽいからメモなんかします。ノート持ってくるからさ。そういえば講演会の事務手続きしているとき、主催者側の人は必ず「ホワイトボードお使いになりますか？」なんて聞くよ。もうはじめっから学校だよね。

――知識をつける楽しみ、というのがあるんじゃないでしょうか。

お遍路《へんろ》の楽しみに近いかもね。ひとつひとつクリアして、スタンプ帳つくっていくみたいな。やがて高みに至る……といったような。

――向上心、素敵じゃないですか。

うん、否定はしないけど、なんか幻想のような気がする。教育的、学校的幻想。人間たるもの向上心を持って高みに至るべく努めるべきだ、そのために勉強だ、そのために芸術だって感じでさ。その考え方自体に強迫観念があるよ。

——だから、だらだらしていると叱られる。

だらだらしてなくても、穴なんかばっかり掘っていても叱られる。そんなことしていてなんの価値があるのだ!! なんてさ。つらいところです。

——……穴掘ってたんですか?

うん、穴を掘る趣味があったのさ、ガキの頃。いい穴掘ってた。

——なんのために?

穴のために。

芸術を
心ゆくまで御堪能
ください
なお、出口で
簡単なテストがあります
ので、よろしく。

――……たしかに、目的のない穴掘りは無駄というか、価値が無いようにも思えますけれど……

そこで仕方ないから「アートだ」なんて言っちゃうわけね。実際アートなんだけどさ。

この国のアートは、無意識の向上心の中で変な位置に収まっちゃってるような気がします。つまり精神的向上心に寄与できるアートなんて方向ね。だから息を殺して静粛に拝観拝聴しろってな具合になるんだね、どうやら。

――芸術は高尚なもの、芸術は日常ではないということですね。

いいこと言いますね。非日常。〝ハレ〟と〝ケ〟ですな。どっちがハレだっけ？

――非日常がハレかな。日常は楽しんではいけないという感じがあるんでしょうか？

うん、日常楽しんでいると疑われる。心配になる。不安になる。そんな感じです。アートじゃないけどウィークデーの午後3時頃から野球なんてやってると、まさにそれです。周りが乱れます。あ、もしかすると俺たちの野球、アートなのかもね。

――球場の管理人のおじさんは、感動してましたね。

あの人はアートのわかる人です。

本来人間は学習人だよね

ガキの頃からずっと、まさに自ら学んできたなあと、つくづく思います。

学んできたなんて言うと、なんか違っているような気もするけど、それなりに学習してきたんでしょう。ずっと学習人なんだよね。その前提でガキとも大人とも付き合っているわけです。

本来人間学習人だよね、という暗黙の相互認識でさ。

――その相互認識のノリで、ときどき学校訪問などもされているわけですね。

ある新聞社が主催する「オーサー・ビジット」という企画で、いくつかの小学校、中学校を訪ねたことがあります。あるいはテレビ番組の企画で、自分の母校に行って話をするとか、学校の先生の友だちによばれて学校で話をしに行くとか……。学校に行っていろいろ経験したことからの話です、ここからは。

小学校の低学年はまだまだ面白いのさ。「最近どう？」「なんの遊びが流行っているの？」「今日何食べた？」ってな調子で、子どもたちといろいろな話をするのはけっこう楽しい。僕は、そういう会話をし、いろんな意見を言ったり聞いたりするのが楽しいの。そうすると、なぜか小学校３年生か４年生あたりが一番ワイワイ盛り上がるなあと気がついたのでした。

小学校も上級生、６年生ぐらいになると、あれれっ、ちょっと静かだな。なにか聞いてもちょっと緊張したり、

小器用にうまいことまとめたり、発言がわりと少なかったりする。いわゆる大人びて、女子なんてとくに、ちょっと冷ややかなんだ。人気ない感じで少しつまんないの。中学になるともう実に静か。黙って聞いて、メモとったりして。

高校になるとまったくげっそりよね。ほとんど反応してくれない。声も小さくなってくる。首も固まっている。大学は、固まっているのは少し緩んでくるんだけど、これまたダメなのさ。

僕の単純な予測では、それ、逆なんじゃないの？　と思うの。

――どんどん知識も得て経験も積んで、どんどん楽しく喋れるようになっているはずなのに、むしろ、反比例的につまらなくなってくる、ということですか？

だって、１年生、２年生、３年生って、グレードアップでいく予定だよね。それがなんで、下がっていくんだろう？

――なにが下がっていくんでしょう？

ま、単純に言えば個人個人の人間力かな。意見を言い合ったり、対話の充実感とでもいうんだろうか。だんだんだんだん熱が落ちていく。意見を言わなくなる。この不思議さはなんだろうか。

８歳、９歳、10歳ぐらいが面白いのは、ある程度予想通り。ワイワイさが、かなり内容がある。驚くほど冴《さ》えている。

自分があるんだよね、みんな。自分の意見がある。自分の感じ方がある。

3年生のクラスで、「悩み事や心配事があったら、先生に相談するの？」ってなにかのついでに質問してみたんだ。そしたら、4、5人がすぐに「うーうん」って首を横に振るわけ。で、前に座っていた小さい男の子、ちょっとさっきから目立ってた子なんだけど、「ムリムリ」って言うのさ。「相談なんかしねえよ」って。「だって心配事なんてないもん」って言うやつもいるし。

「じゃあ近い将来、トラブったりしたときに、誰かに相談するとしたら、誰に聞く？　先生に聞く？」。「先生には聞かないよ」、「お母さんに相談します」と言う子もいれば、「お姉ちゃんに話します」という女の子も。そしたらもうひとりの男の子が、「姉ちゃんいいなあ。妹って面倒くさくて、いやなんだよ」って。それぞれだよねっていうのが、ものすごく喋れる。「自分で考えます」って立派なやつもいた。そうだよね、誰かに相談するなん

とくに問題ありません
とくに悩みもありません。
それではなんかおもしろくない？

てこと、そんなにしょっちゅう起こることじゃない。なにか問題あったら自分で考えて解決する、これは学習人の普通の態度なんだよね。

「なにかあったら相談しなさい」なんてこと一応言っちゃった先生の立場、宙に浮きます。

子どもの悩みなんてあまりイージーに考えないほうがいいと思うんだ。そんなこと必要としていないぐらい自立しているわけです。

——たしかに、学校で先生になにか悩み事を相談した憶えって、ないですね。

さらに子どもってちゃんとわかっているよねという例。

これも別の学校の3年生。教室の後ろにみんなが書いた習字が貼り出されていてさ、「はやぶさ」とか書いてあったの。みんないっしょに「はやぶさ」「はやぶさ」「はやぶさ」よ。なんではやぶさなのかよくわからないけど、ま、やれやれという感じとちょっと懐かしいという気分もあって、「へえ、まだやってるんだ、こんなの。面白いの？」って聞くと、「私は面白いです」とか「手が汚れる」とか「めんどくさい」とか、「筆で書くのは面白い」とか「墨をするのがねー」みたいにわーっていろんな意見が出てきたわけです。そこで「でもさ、今ふつう筆なんか使わないじゃない。なんでこんな特別なことやってるのかねえ」って何気なく俺が言ったら、ある男の子——眼鏡《めがね》をかけてひょろっとした学級委員長みたいな子がおもむろに手を挙げて、「古典に親しむということではないでしょうか」って。

頭下がるよね。そこまで理解してくれて、まとめてくれたんだよ。こんなに苦労させせて申し訳ありませんということよ。みんなも「なるほど」という感じでした。とりあえず拍手。

そんな数時間って、ものすごく楽しいわけ。子どもらの話にインスパイアされて、また別の話題が出てくる、友だち同士情報交換しているという感じの時間になる。

うん、やっぱり学校って面白いね、なんて調子にのって中学校なんか行ってみると、がたがたっと感じが変わる。少しずつみんなが固くなる。緊張する。ノート広げて待っていたりして。つまり輝く勉強スタイルになっていくわけですね。

――質問も少なくなりますよね。

気を遣って質問してくれてるって感じのことがあって。これは6年生だったかな、僕の話のあとに、担任の先生が「五味さんに質問ある人」とか言うと、さっきからちょろちょろ俺の目に入っていた男の子が手を挙げて「五味さんは、なんで絵本作家になったんですか」ってマジメに聞いてくれてさ。俺は構造がちょっと読めたから、「あのさ、悪いんだけれど、君、それ本当に俺に聞きたかった？」って聞いたら、「いや、別に……」って、直下に言ったんだよ。素直な子でさ、それで救われたんだけど。間違ってるかもしれないけど、五味太郎が来るから、絵本について知っておいて、みんな質問を考えておきましょう。あなたとあなた、代表ね、とかって、先生に決められてたんじゃない？「そうそう」、みたいな。だから、「質問ありますか」っていうときに、ぱっぱって みんな事務的に手を挙げたんだよね。

実は、僕のところにインタビューとか取材にくる出版関係なんかの人、そんな感じの人多いです。そのときに、

「それ、君が本当に聞きたいこと？」って聞くと、その男の子みたいに「いやいやいや、編集長が聞けって言うから、ちょっと聞いてみただけです」なんて素直に言ってくれる人、ほとんどいないよ。上司に「ちょっとインタビューに行ってこい」って言われて、段取ってやって来たけど、とくに聞くこともないから、しょうもない質問する。で、「なんで絵本作家になったんですか」「最初の作品は何ですか？」なんてこと聞くわけさ。そのあたりのことはネットで見てって感じ。

――以前、五味さんの展覧会でのトークショーだったかしら、まだ学校に上がる前ぐらいの男の子が手を挙げて、五味さんに向かって、「ねえねえ、彼女いるの？」って。あの質問はピカイチでしたね。大人には、ましてや人前では、なかなか聞けないことです。

還暦過ぎて「彼女いるの?」なんて聞かれるのも嬉《うれ》しかったよ。男の子のお父さんは、かなり焦っていたけどね。それはさておき。

社会に対して付き合っていくという感じの能力みたいなものを、みんながつけていく。それが学校教育という形なんだろうね。

自分としての意見とか自分の事情というのは一度机の下に仕舞い込んで、とりあえず今自分はなにが求められているかというようなことを整理して対応するような人格が形成されてくる。それで、面白いことに授業が終わって「みんなで写真を撮ろうぜ!」とかなると、「ねえねえ五味さん!」とか、「これ小さいときからずっと読んでいるんです、サインしてください」とか「お母さんがよろしく言ってました」とか、みんなワーってなるんだよ。高校生でさえ。なんだかとても切なくなってしまうんだ。なんでそれ授業のときに出なかったの？　ということなんだけれど、いわゆる私語は慎みなさいというのがあるんですね。教室では授業言語で、授業態度でのぞめと。そういう特殊な空間が、段階を経てどんどん固まってゆくということね。その固まりの最高学府が大学ということな。

——いわゆる義務教育ではなく、大学なんて自主的に学校に来ているはずなのに……ですね。

人間関係がぜんぜん変わってないわけさ。先生と生徒という関係、先生が教えて生徒が憶えるという関係、これ以外には学びの形が学校にはないんだな。

事務してるみたいな机と椅子でね。教室というよりは事務室ね。蛍光灯でさ。

――趣味のカルチャーセンターなんかも、そのノリです。暗いビルの一室で、日曜日の昼間に、イラスト講座なんて開かれていたりします。会議机にパイプ椅子で。

君の勝ち！

もうひとつの例。

別のある学校に行ったとき、それは担任のついている いわゆる教室じゃなくて、放課後のクラブっていうのかな、「工作クラブ」に呼ばれてたの。ちょっと変則的な学校に出会ったわけです。

貧しい教室というのは変わらないんだけれども、工作室は道具がいっぱい置いてあって、作業場という感じで、事務室よりは悪くない。先生もわりといい感じ。

先に教室に行ってふらふらしていたら、みんなが三々五々集まってきて、「こんにちはー」「あっ、五味太郎だ」とか、ある子は取材スタッフに「五味太郎さんですか？」なんて聞いたりして、俺少しムッとしたりして、とりあえずみんなが気楽な感じなのさ。20人ぐらいいたのかな。俺も遊びに行ってるわけだから、じゃあ一緒になにかやろうということで突然考えて、「ええと、今日は役に立たないもの、無駄なもの、くだらないものを作ってみよう！」なんて言ったの。ちょっと難しいかなと思ったのだけどさ、パロディーというか現代の皮肉だからね。無駄なものってどういうことかなんて説明が必要かなと思っていたら、すぐ前に座っていた悪ガキ3人組が「まかせなさい」ってな感じでVサインさ。すぐわかった。もうこっちでカッターで切ってたりして、ひとりで始めた男の子がいる、3人でキャーキャー始めた女の子がいる。

「こんなに簡単に伝わるんだ」と俺はちょっと驚いたの。

先生は、先生というよりむしろインストラクターという立場に徹していて、みんなのいろいろな注文に応えている。彼女が普段からすごく整理整頓しているんだろうね、絵具もそれなりに種類が揃っているし、刷毛《はけ》もいろいろなタイプがあるし、でっかいホチキスがあったり、貧しいながらもものすごく充実している。そして、「糊《のり》！」と誰かが言えば「そこの引き出しよ」、「スプレーするなら紙敷きなさい、廊下でやってね」、「これもう使わないの？　しまっておくよ」とかすごく動いていて、作業の段取りを非常にスムースにやっている。みんなも、「先生、あれない？」「先生、これどうしたらいい？」って感じ。これどこかに似ているなあと思ったら、東急ハンズのおじさん。ハンズのお客様係のおじさんは本当に素敵なんだよ。客の相談に専門的になんでものってくれる。そういう関係性。

――あ、ハンズのおじさんには、私もよく質問します。

インストラクターというのは、大人に課せられている仕事のひとつという感じがするのね。それを彼女が的確にやっているから、あの工作クラブは学校の中でもすごくいい空間ができているんだと思うの。つまり彼女が愛している空間ということね。

だからその教室が、ある緊張感をもった、いい雰囲気のまま、あっという間に2時間ぐらいが過ぎたの。

俺は、「馬鹿を測るメジャー」というものを作った。そして俺たちの取材スタッフのひとりを測ってみたら「6・3馬鹿」という結果が出た。

で、こんな調子でみんなも発表しましょうという段になりました。

「まかせなさい」の男の子3人組は、ダンボールでロボットなんか作っていて、なんだ、ガキはたいしたことないなあと思ってさ、「なに、それは無駄なことをするロボットなわけ？」って聞いたの。そしたらやつら、あんたわかっていそうでわかってないねーって顔して言うわけよ、「あのさー、俺たち5年生だよ。5年生がこんなくだらないもの作ったんだよ」って。

まいった。本当にまいったね、俺は。

この洒落《しゃれ》感覚、〝くだらないもの〟っていうコンセプト、5年生という自分の位置、全部理解して、それも3人で、こんなガキみたいなもの作っているんだよって。本当に馬鹿馬鹿しいでしょ、無駄でしょって。りっぱりっぱ。彼らはもう完全に幼児を卒業しているよね。

女の子3人組は、でっかいダンボールをパンツ型に切り抜いて、いろいろ模様描いていて、「これ、誰にもはけないパンツ！」。

ぜったい触りたくないような、絵の具がべたべたついて、気持ち悪いものいっぱいくっつけた、汚いオブジェを作った女の子もいた。これは現代アートだよね。ダダだな。「みんなに嫌われるものを作りたい」っていう意識、完全にわかっているわけ。アートとはなにかということを事も無げに彼らはやるんだな。

さらに驚いたのは、ちょっと遅れちゃった女の子がいたのね、ちょっと静かにしてたからさ。で、俺が最後についでに「君、なに作った?」って聞いたら、「絵描いてたよ」ってポツっと言うのさ。ああそうなんだ、そう言えばなにかやってたよね、床でごそごそ。「うん、誰もここで私が絵を描いてること気づかなかったよ。五味さんもこの上歩いていたよ」って。おお、誰も気づかないようなどうでもいい絵。俺がその上を歩いていようがへっちゃらな絵。他人の意識の外に存在する絵という見事なインスタレーション。その上を歩いた俺も取り込まれた制作、もう完全に君の勝ち！

みんな、リキを入れているわけでなく、考え込んだりするわけでもなく、瞬間に反応して、なおかつ自己表現をしながら、ある時間を過ごせるまったく高度な人間たちがそこにいるわけです。

美術学校なんていらないよね。実際、美術学校にもワークショップしに行ったことあったけど、みんな元気なくて、あのキュートな感じはどうしたの？　って感じだったんだけどさ。

こんな小さい人々が、きちんと出来ている。アートするのは人だよね、そんなことがピタッとわかる、工作クラブの午後でした。

で、みんな手を洗って、「じゃあね」って。

高級ね。

人生はアートだ!!
という言い方もできるが…
私、知りませんよ…

――子どもが高級って、わかる気がします。

たとえばね、ちょっと前に手紙をもらったのさ。どうやら小学校１年生の女の子らしいんだけど、例の素敵な習いたての鉛筆の字で便箋にびっしり書いてあるのさ。前半はたいしたことないの、「五味さんの本が大すきです」とか「としょかんで五味さんの本をかりました」「てんらんかいに行きました」とか、まあよくいただくタイプの手紙なのでボーッと読んでいたら、最後の２行でハッとした。

「五味太郎さんは、五味太郎の絵をがんばってください。さようなら」

はじめ、意味がよくわからなかった。五味さんがんばってください、というのはまあああるけれど、五味さんは五味太郎の絵をがんばってください、というところがさ。

たまたま来ていた僕の仕事を手伝ってくれている女性に、「なんだろうね、これ」って見せたの。大阪育ちの彼女、「この子、わかってるやん！」って言うのさ。「ちょっと説明してよ」「この子の中には〝五味太郎〟というものがあるんですよ。そんなの当たり前じゃないですか」って言われたの。

なるほど、俺はずっと絵を描いてきた、絵本をつくってきた、俺個人が絵本になってる、その子の中で。やっぱり再認識させられるよね。再認識なんて遅いとさらにその彼女が言ったけどさ。

それでその夜俺は、五味太郎の絵を描こうと思ってがんばったんだよね。でも、よく描けなかった。五味太郎自身は五味太郎の絵を描くんじゃないんだよね。五味太郎はただ、絵を描くんだよね。それが〝五味太郎の絵〟

ということで世の中に存在するんだよね。言ってみれば当たり前なことを、あんまり好きな言い方じゃないけど、子どもから教わるわけさ。この場合は、高級というより高度だよね。

ファンレターというものはとりあえずファンレターなんだけど、とくに幼い連中からもらうファンレターには、ときどきハッとさせられる。

「お家の庭に花が咲いたので、見せてあげます」ってのがくるんだ。一面識もない俺に、だぜ。ところが彼女の中では一面識あるんだね、どうやら。だから、こういう絵本を描くおじさんには花を見せてあげようと素直に思って素直に手紙くれたんだね。電話番号が書いてあったのさ。あれ、この局番は近いなあと思ってさ、俺も暇だったからたわむれに電話したの。運よくその子が出てさ、別に驚いていなかった、「ああ、五味太郎さん」って。お話ししてみたら意外と近所だったので、俺出掛けたの。その子、門のところで待っててくれた。ま、はっきり言ってたいした花じゃなかったんだけど、パンジーみたいなのがきれいに咲いていた。慌てたのはお母さん。一度家に入って軽くお化粧してから出てきた。そんなこともあったなあ。

で、最近では、「五味太郎さんの絵本はすごいです。でしりしたいです」という手紙がきた。どうやら幼稚園の男の子らしい。お母さんの手紙がそえてあって「でしり」と書いてあるのは弟子入りのことのようです。どうぞよろしくお願いします」と書いてあった。たぶん、弟子入りというよりは、一緒に遊ぼうと言ってるんだと思うんだけどさ。

その気楽さ、すぐ手紙に書くスピード、思ったことを表現する能力、おしなべて、たいしたものだと思う。

みんなうずうずしている

――五味さんのワークショップでの子どもたちも、そんな感じですか？

そうだね。まさにその子どもたちのいわば実力みたいなものを、そのまんま再確認するような、敢えて言えば子どもの実力というものに疎《うと》い大人たちに、確たるその存在を見せたいなあって、そんな気があってあちらこちらでワークショップをやっているんだけど。

子どもは絵が描ける。さっと描ける。描きたいから描ける。その簡単なことをちょっと大規模にやる楽しさ。

俺のワークショップは、それ以外のなにものでもない。

機会に恵まれて、いろいろな国でやってみたんだけれど、その構造は面白いほどどこでも同じなのさ、アメリカでもフランスでもインドネシアでもメキシコでもスリランカでも。

主催者側の大人たちはほとんどの場合、「五味さんのお絵描き教室」、フランス人なんかは「幼児絵画の五味太郎メソッド」ってな捉え方でスタンバイしています。だから開催前に彼ら大人たちを説得するのがひと仕事。初期の頃はだいぶ骨を折って説明を試みてはみたけれども、やっぱり十分には通じない。途中からは、「まずやらせてくれ、意見は後からね」という態度になってきたのさ。

たとえばメディアの連中、あるいは美術教育関係者、雑誌などが丁寧に取材してくれることは有難いことなんだけれども、一応事前取材はお断りということになってきたなあ。事前取材ってほとんどが、「五味さんのメソッドはどんなものですか」「子どもたちになにを伝えたいですか」「子どもたちになにを教えたいですか」ってなレベルですよね。これちょっと、初期の頃の絵本の編集者と会話していたことを思い出させるんだよね。今もそうかもしれないけれど、大人と子どもとの関係、ぜんぜん進んでないわけさ。大人が教えて導いて、子どもが教わって導かれる。俺、そういうことに興味がないし、違う考え方もっているから、みんなに言うのさ、「取材もインタビューも、とりあえず俺のワークショップを見てからにして」。アメリカでもフランスでもメキシコでも。

ワークショップを手伝ってもらう人は、国内だったら手慣れたスタッフを十分集められるんだけど、外国ではそうはいかないじゃないですか。だから大方、美大生なんかに手伝ってもらうことになるんだけれど、事前に彼らには必ず言います。「絵の具、筆、紙を用意する。そのことだけに徹してくれ。ひたすら絵の具を溶いてね」。

いろんな色を紙コップに、描きやすい濃度で溶いてもらう。固さはこんなものねとまず見本は示すけれども。それをテーブルにひたすら並べる。筆を数だけ的確に用意する。

「紙なり布なりダンボールなりは俺の指示に従って広げたり丸めたりしてくれ。スピーディーに。始まったら、まさにフロアサービスに徹してくれ。それ以上のことは慎んでね」と。

で、僕のワークショップが軽やかに始まるんだよね、どこでも。

主催者が一応挨拶して、はるばる日本から来てくれた五味太郎さんを紹介してくれます。で、俺も本来ならば私を招いて下さった主催者ならびに関係者の皆さまに厚く御礼申し上げます……ってな挨拶しなければいけないんだろうけれども、集まった子どもたちを見ていると、その気が失せます。だって、早く描きてえ！って、みんなうずうずしてるんだよね。これはどこの国、どこの場所でも、ほぼ一緒。つまり、うずうずさせるような演出、絵の具をいっぱい溶いて、筆をいっぱい用意して、大きな紙が床なり壁なりに広がっているのさ。もうとっくに機は熟しているわけさ。その気分よくわかるから、俺はほとんど一言、「やあ、みなさんこんにちは」ぐらいの挨拶だけして、「じゃあ、いくぜ！」（これを通訳してもらうと一瞬間《ま》が遅れるんだけど……）。「おう！」と子どもたち。これですべてがスタートする。もう１分以内にお絵描き劇場真っただ中だよね。

最近使う紙は、３メートル×10メートルみたいな大きさの、いろいろな色紙が多いんだけど、まあそこに30人から50人、10分もたないよね。もう下地の色もわからなくなるぐらいな有様さ。で、タイミングを見計らって紙を替える。また15分。1時間半もやったらヘトヘトだよね。みんなもヘトヘト、俺もヘトヘト。

――五味さんはなにしているんですか？

ぶらぶらしてるの。俺は描かないの。描くより見ているほうがだんぜん面白いから、この場合は。「行くぜ！」って言ったら、あとは外に出て煙草《たばこ》一服。そうするとお母さんやお父さんや先生などがやってきて、「こんにちは」「楽しいわ」とか話しかけてくる。時間を見計らってまた現場へ戻る。紙替えて、「次、行くぞ！」「おう！」、で、また俺は休憩時間さ。

その後半の休憩時間あたりから、少し事前とは違った

幼児の生長過程において 美術教育の果すべき方向にかんがみ 貴方のワークショップのメソードに関して お話しねがえませんこと？
あ.あ.あの…
とくに….

態度でメディアの人が来てくれる。もちろんいろいろな意見はあるけれど、大方、「すごいですね」「いやあ、楽しいですね」、そして、「子どもたちってすごいですね」という意見がスムースに出る。ここでも俺は、「ねっ」って一言言うだけさ。彼らは彼らなりに、すごい現場だった、参加して楽しかったと、感じたことで記事をまとめてくれる。それで十分だ。その数時間の興奮というものが、たぶんワークショップの命なんだろうなと思う。

もちろん、お国柄によってやや反応が違っていて、スリランカのコロンボという町の小学校でやったときは、とりあえず品《ひん》のいい国だし、とくにちょっと高級な学校だったから、少し把握するのに時間がかかるようで、やや静かに始まったのでちょっと心配だったけど、やっぱり10分も過ぎたら世界各国同じようなノリになってきて、いつもの楽しいペインティングワークショップが展開していったんだ。しばらく俺が例によってその場を離れてぶらぶら校庭を歩いていると、どうやら美術の先生らしい方が話しかけてきた。やや興奮気味の彼女が言うには「私は間違っていました」、「なにが？」、「子どもがこんなにどんどん絵が描けるなんて知りませんでした」、「えっ？　もうちょっと説明してみてください」、「私は子どもたちに絵を教えるときに、鉛筆でまず下絵を描いてから十分に修正して、満足な下絵が出来上がったら着彩するという絵の描き方をずっと教えていました」、「うん、そういう絵の描き方もあると思います。いいんじゃないですか」、「いいえ、ダメです。子どもはもっと自由に描くべきだし、描けるんだということを知りました」。で、彼女の顔をまじまじと見たら、うっすら涙が出ているのさ。俺、少し困って、「その国々でいろいろなやり方があっていいと思うんですけど……」、彼女は「いいえ、ダメです、絵は自由がいいです」って強調するんだよ。

彼女と別れてしばらく、ちょっと離れた木の下で例によって煙草吸っていたんだけれど、ワークショップってちょっと価値があるのかもね、俺の思っていた以上の価値があるのかもねって、少し緊張しちゃいました。

もちろん、日本でも同じ現象が起きます。大人たちが、「うちの子は絵が好きだったんだ」、「うちの子って、こんなにのびのびと色まみれになるんだ」、「うちの子って色彩感覚いいじゃん！」、そんな勝手な新発見をするらしい。どうしてそんなこと気がつかなかったんだろう、そんなの当たり前なのに、っていうのが俺の率直な感想。その大人と子どもの実際というものが、少し距離が縮まればいいんだろうな。むしろ今では、子どもの実力ってやつを大人に知ってもらうために、わざわざワークショップをやっているような気もしないでもないんだ

よね。

話は変わるけれど、憲法26条って知ってる？

――えーっと、国民の義務についてでしたっけ？　違ったかしら……確認してみます。

日本国憲法第二六条

1　すべて国民は、法律の定めるところにより、その能力に応じて、ひとしく教育を受ける権利を有する。

2　すべて国民は、法律の定めるところにより、その保護する子女に普通教育を受けさせる義務を負ふ。義務教育は、これを無償とする。

ね、いいでしょ。なかなかおしゃれな条文でしょ。少しモタモタした表現だけどさ。この条文、そのまま解釈

すると本当に素敵なんだ。その能力に応じて教育を受ける権利を有する、なんだよ。受けないのは単に権利放棄なのね。義務不履行じゃないんだよ。それに無償、タダだって言ってるんだぜ。

でもこの26条、愛されてないのね。あまり皆さん好きじゃないみたい。とくに「……教育を受ける権利を」というところがね。「教育を受ける義務」と言ってほしいみたいなね。なぜなんだろう？　なんでそんなに義務が好きなんだろう？　義務的な締めつけが好きなんだろう？　そしてその反動として自由がほしい、翼《つばさ》をくださいか？　もうわけわかんないよなあ。

ずっと五味太郎をやっているだけさ

人間というのは生まれて死ぬまで個人なんだなあと、つくづく思うのね。

そのことが、今ほどバラついてしまう時代というのも珍しいんじゃないかな。生まれて死ぬまでひとりだよね、という当たり前のことが、わからなくなっている。なるべくわからないようにしようとさえしている。

俺、子どもなんてやったことないんだよね。子どもの頃からずーっと五味太郎をやっていたなあと、還暦こえて71歳の今、つくづく思っています。もちろん中盤30代ぐらいからの三十何年は、名前を出してやる仕事というのをやっていたがゆえにというのもあるけれども、その前もずーっと五味太郎をやっていた気がするよ。

――子どものときから、その自覚があったのですか？

そうだね。近所のおばちゃんが「たろうちゃん、たろうちゃん」と呼べば「はいはい」と対応し、こっちでは「五味くん」と話しかけてくる友だち、「ゴミたろう」と揶揄《やゆ》するやつ。五味太郎が小学校1年生をやっていて、五味太郎が中学校に行って、五味太郎がこのままでは高校に入れないかもと言われてピンチになり、五味太郎が芸大を落ちて、五味太郎が桑沢デザイン研究所に誤魔化して入って……その流れで、五味太郎が今しゃべっているわけです。俺がなにしていたというだけの話。こんなことは当たり前だと思っていたの。

俺はずっと五味太郎をやってきたんだけれど、五味太郎っていうのは幼い頃から、個人でごちゃごちゃするのが好きなんだな、どうやら。けっして器用じゃない。だけど、なんかかっこいいものをつくれるんだよ。そして、夜に作業をしたいの、夜に起きていたいの。なにしろ夜起きているのが好きなの。そして作業をする。うまくゆけばその結果を、ちょっとみんなに見せたい、そういう質。これが結果、偶然にも出会った絵本という作業だったんだね。

みんないろいろあるじゃない、幼い頃からさ。いろんなもの分解しちゃうのが好きな子とか、いろいろ分析しちゃって批評するのが好きな子とか、観察日記なんかつけるのが得意な子とか。それがその子の質なんだよ。そしていつも自分と相談してやっているんだね。

で、世の中をちょっと見てみると、輝く小学校3、4

年生ぐらいまでは、まだそれがやれている。「俺はさあ」「私はね、こういうふうに考えたんだ」って、彼らみんな言うわけ。それぞれの姓名を持った個人個人がさ。その人がその人でやっている。○○小学校の○年生というのは、あくまでも肩書きなんだ。

ところが、そのあくまでもの肩書きが、人格になってくる。肩書きがその人になってくるという不思議な現象を感じるんだ。

――○○会社の五味太郎です、とか、○○自治会長の五味です、とかいうことですか？

還暦になったときに、俺の不得意な中・高の同窓会というのに50年ぶりに出てみて、うろたえてしまったのさ。12歳、13歳の少年の頃に共に悪さしたり、部活やったり、学んだりしたという連中なはずなのに、多くの人が、それをまったく引っ張っていない。

——12歳の頃の自分を？

そう。一緒に小便飛ばしたり、キャンプしたり馬鹿言い合ってたやつが、どこにもいない。この人は違う人なんじゃないか、俺の中でつながらないの。彼らは今、〝還暦を迎えた初老の人〟をやっている。ドキッとしちゃって。

——話題が合わないということですか？

雰囲気。中学の頃と連続しているものがないのよ。同窓会といってももう同じ窓がないのさ。同じ窓から同じ風景を見ていたハズなのにね。

ところが、俺に対しては多くのやつが「おお、五味！」、「お前さ、あそこから飛び降りたよね」、「原っぱで火つけて大騒ぎになったとき、ちょっと面白かったよね」とか、ま、ほとんどは悪いことなんだけど、けっこう憶えられていて、「息子の嫁がさ、五味のファンなんだよ」、「孫がお前の本が好きで……」とか、ああ、俺はずっと五味太郎をやっているんだなと逆に自分で再確認したわけでした。

で、会場をあちこち回っていると、俺と同じように中学のときに遊んでいたままのライブな感じで今仕事しているというやつが、ポツポツはいたわけ。ああ、こいつはあいつのままだな、それが白髪が出てきたり皺《しわ》入ったり糖尿病になったりしているという面白さ。で、少しほっとして、やっと心がつながった感じがしたのだけれど。

でもバタバタ大騒ぎしているのは俺たちのテーブルだけで他のみんなははるかに落ち着いているわけです。なにかひとつ成し遂げた感じの穏やかさがあるのですよ。そしてテーブルで、じっとしている。やっとここまで来ました、よくここまで生きてきたって寿《ことほ》いでいる感じ。その感じが出ていないのは俺とその周辺のやつらだけなのよ。まだまだライブだから、現役でやらざるを得ないから、そんな落ち着きがないわけ。いいとか悪いとかということじゃまったくなくて、非常に不思議なものを感じた夜でした。

——他の人は、還暦を迎えて孫をかわいがったりしているおじいさんという現役をやっているということじゃないですか?

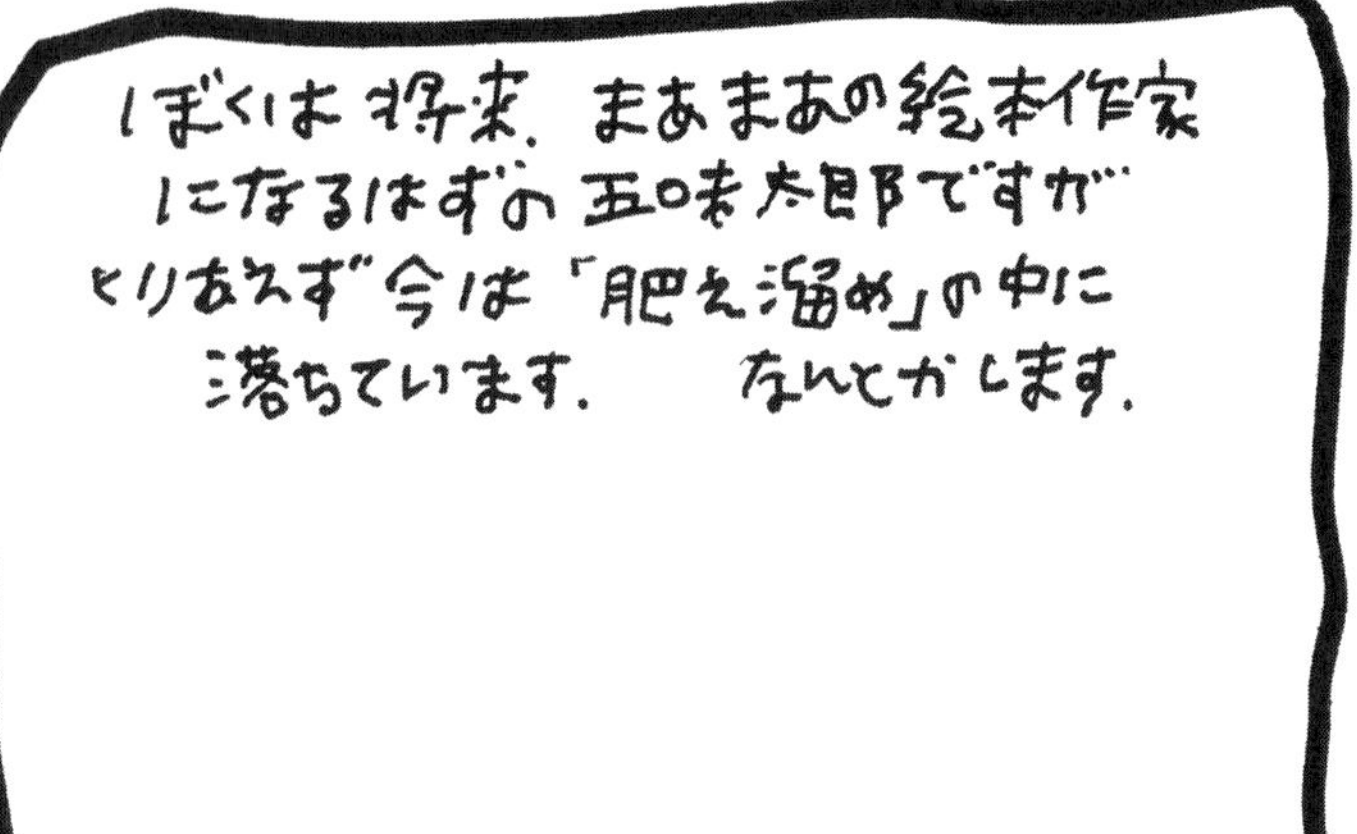
ぼくは 将来. まあまあの絵本作家
になるはずの 五味太郎ですが
とりあえず今は「肥え溜め」の中に
落ちています. なんとかします.

もちろん、生きているかぎり現役なんだけれど、今言っているのは人格的現役というのかな。少年の頃の付き合い、どっちがオシッコ遠くに飛ぶかとか、ここから飛び降りられるかとか一緒にやっていたことを、ちっとも思い出せない人が多くなっちゃうのは寂しいなと思ったの。あの冗談はなんだったんだろうか、少年の頃のパフォーマンスはなんだったんだろうか、意味ないじゃんって。もちろん意味なんてないんだけどさ。

人というのは生まれて死ぬまで一塊《ひとかたまり》という感じがありうるならば、もっと爽やかに、ひとつの人格という形でいけたらいいのになと思うの。その人格を持ち続けていられない苦労が、みなさんあったんじゃないかなあ。

翻って、俺は今、五味太郎でずっとやってきたゆえの少し別な落ち着きがあるわけです。

――覚悟ということですか。

老後どうなるんだろうな、ま、五味太郎がなんとかやるんだろうっていう落ち着き。だから国家とか社会などというものに相談する余地があまりない。これは俺の性格かも知れないけれど、多かれ少なかれ「私がやっているんですからね」と。

そういう人が、今あまりに少なくなっちゃって、それに代わる国家や地方自治体、一種の政治というものに自分を託してしまう、国家という形に属してずっと生きていく人が主流になっているでしょう。

――自分の立場を先に考えるということですか？

偏差値みたいなものがどうしても意識にあるというか、

全体のどのあたりに自分がいるんだろうかというような感覚。

学校人になって静かに生きていく中での自己認識って、どうしてもそうなりますよね。

社会というものを大事にすればするほど個人というものは失われていく。社会人としてまとまればまとまるほど、個人が喪失していく。これ、仕方がないことなのかなあ。あるところでは消費者と言われ、あるところではCO_2の排出者と言われ、あるところでは前期高齢者と言われ、納税者と言われ、自分の属性・肩書きの中で生きていくしかない。その中での自己統一性なんて本当に難しいんです。

――年齢を重ねるだけでも、〝アラフォー〟とか〝マル高〟とか〝老年性○○〟とか括《くく》られて、追い詰められていく感じ、ありますものね。自分の身体の状態はさておいて。

朝から重たいんだ…

元気に単純に生きていくのがいいなあと俺は思うので、元気で単純に生きている子どもたちがどんどん元気じゃなくなって単純じゃなくなっていくシステムって、いかがなものかと。みんな苦労しているんじゃないかと思うの、余計なお世話とは思うけど。

――元気を保つためには、いろいろな規則と闘わねばならないから、疲れますよね。元気でいるために元気を失うというか……

ワクワクする子にかぎって、がっかりしちゃうんだよ

ね。

俺さ、海外に行って空港でイミグレーションのときに、牛みたいに囲いの中の通路みたいなところを歩かされて「エイリアン」とかいう場所に並ばされたりするとちょっと屈辱感を感じるんだよね、ムカムカ。運転免許証の更新なんかのときでも、違反のある人はこっちとか言われて並ばされてさ。しょうがないから付き合ってるけど、その形だけで生きていくというのが、ほとんどの人はあんまりつらくないのかな。ムカッともしてない。

お前がガキっぽいんだよと言われればそれまでなんだけど、ガキもその傾向があると思うの。ある作家が、学校で「並びなさい」と言われたときにちょっとまごついたのだけれど、自分の心の中にはまだそういう準備ができていなかったと少し後になって括《くく》ったと書いていた。素敵な表現だなと思ってさ。つまり、準備もできていな

いのに注射打たれるとか、準備もできていないのに作品を貼り出されるとか、準備もできていないのに伴奏が始まっちゃうとか、そういうことに早めに馴《な》れちゃってると危ないよね。

命かけても守るべきものはあるよね。

――それは、自分でしか判断できないわけですよね。だけど半分義務のようになっちゃって、周りの人に迷惑かけるからあなたも予防注射すべきだと責められたりして。

社会的な個と、個人的な個が曖昧なまま、適当に取り扱われているわけです。

――個人的な個は、「わがまま」で片づけられてしまいがちです。

個を失うシステムのもとには、くどいようだけれど学校制度というのが絶対あります。
それにしても、それにしてもだよ、天気がいいにもかかわらず、月曜日から金曜日まで、朝早くから夕方まで、必ずすべての子どもがある同じスタイルで生きていくっていうの、本当に異常だと思う。身体も心もしなしなと柔らかく多感な時期に、ある強制の中で教室という空間に座って、黙って黒板をうつし、テストを受けるということを毎日続けている。時々ならまだしも、毎日続けている。こんなこと生物の生き方としておかしいよ。こんなに異常な暮らしを幼いときからやっていると、多かれ少なかれ病気になるよと単純に思う。

——事実、病気はいっぱい出てるわけですよね。

「わがまま」って
「我がママ」のこと？
わたしのママ？
それ、なんでダメなの？

さらに病気にさせられちゃうわけです。その息苦しい教室の中で、少しもがいて動いていると「多動症」なんて呼ばれたり、つまらない授業に付き合いきれないやつは「学習障害」などというすさまじい呼ばれ方をして、さらに確実な病気として扱われるんだよね。薬飲まされたり注射打たれたりするところまで、すでにきちゃっているんだよね。この異常さを放っておく社会って、なんなんだろう？　薬飲ませて注射打ってまでして受けさせる授業、やらせる勉強って、一体なんなんだろうか？

——知らなかった、注射を打たれちゃったりするんですか。

一方では訳知り顔の小児科医なんかが、「小さな子どもというのは心臓が未発達だから身体を動かすことによって血を巡らしているので、ちょこちょこ動くんですよ」なあんて事も無げに言ったりもするんだけどさ、この異常さの是正にはなんの役にも立っていないわけです。

つまり、子どもを取り巻く環境が年齢別にカテゴライズなどされているので、ひとつのヴィジョンで総括的に見るなんてこともほとんど進んでいないんですね。だから、その場その場で子どもは好き勝手に取り扱われます。

自分のことがわからなくなり、知識ばかりのことで優越感と劣等感にさいなまれ、学校出ないとダメになる、学校出ていればまあまあ出世できる……このこと以外に人が成長していく道がない、まさに選択肢なんてまったくない、私立か公立か、女子校か共学かなんて、カレーライスか天丼かの差ぐらいのもんだからさ、こんなことってあり得るのかなあ。

今までのいろいろな経験と知恵から編み出してきた方法だとは、とても思えないんだ。

もっと検討すべきだし、もっといい方法がないんだろうか。

もっと、穏やかな感性、穏やかな可能性、穏やかな野望などに満ちている時期のはずでしょ、少年少女時代ってさ。

それなのに、こんなに朝から重たく、昼も貧しく、夜も宿題で、日曜日になるとホッとして、夏休みになると喜んで……こんなことといつまで続けていくんだろう。

学校制度というものを前提にしている社会のつくり方って、もうそろそろなんとかしないとまずいよね。遅すぎるのかもしれないけれどさ。あまりにも子どもたちが気の毒すぎるよね。


——学校は害である、と？

俺は単純に学校ってつまらないな、物足りないな、と思っていただけで、学校が嫌いなわけでも、学校を恨《うら》んでいるわけでもないの。ただ、使えねえなあと思ってただけなんだ。だって学校のやることって全部が二流でしょ。音楽会聴きに行っても二流でつまんないし、学校の遠足って中途半端だし。学芸会も運動会もなんかムリしてるし、給食にしたって変な献立だし。

学校でやること、みんな貧乏くさいでしょ。すべてのものにがっかりしちゃう。憧れをどんどん潰されちゃう。つまんないから、だから僕は自分の学習のために街へ出たわけです。学校以外をうろうろしたわけです。そしていろいろ見つけたという寸法。

学校なんかでムリしてやらなくたっていいのにさ。どうせ二流の付け焼き刃なんだから。まがいものをやる必要はないんだよ、人生には。

本当に学校って余計な所だなと思います。

最初にこの本をつくるときに、『教えないで』っていうタイトルにしようと思ったぐらいなんだけどさ。本当に余計なお世話よね、って。

学校はいらないと言った手前…

学校はいらないけど学習システムは必要だ、というのが僕の考え。あくまでも学習システム。勉強システムじゃないやつ。学習人をサポートするやつ。実に軽やかな学習システムが世の中のあちらこちらに用意されている、それを利用しながら学習人がさらに学習人の磨きをかけてゆく、そんなイメージ。

——その提案を待ってました！　でないと、「じゃあこれからどうしたらいいの!?」という読者が殺到してしまいそうなので……

あ、その前にみなさんお好きな義務教育について。これを無視してはいけませんね。本当に必要な教育。この国で、この風土で健やかに生きてゆくための生活能力を身につけてゆく、これもまたシステム。

子どもという存在はその風土にやって来た異邦人である、という感覚が俺にあるの。だから、ここで使われる文字、言語体系、ひらがな、カタカナ、漢字、プラス外来語、ｅｔｃ．……これらは最低限の意思疎通を図る道具だから、なるべく習得しておくとこの世の中でやり易くなりまーす、というヴィジョン。なるべく、というところがポイント。ある程度でもＯＫ、そのうちだんだん習得できますよ、というやわらかさで。

国語教育に似ているけれども、作文はやりません。文芸文学はやりません。詩の解釈なんてやりません。クマさんの気持ちを50字以内で、もやりません。『徒然草』

も『吾輩は猫である』もやりません。それらは学習サポートシステムの一部にあります。

——義務教育と学習サポートシステムの境は、どうやって決めるのですか?

それはおいおいわかりますから、まずは僕の話を聞いてください。

そして算数です。文字、言語体系の拡大解釈として取り扱うほうが正解かもしれません。なにしろこの世の中、数字がいろいろと喋りますからね。数字の機能という視点で幼い連中にその有様を伝えておく必要があります。この国はとりあえず10進法でやってます。0がひとつつくと10倍です。でも0だけではなんでもありません。10倍にはなりません。そして基礎は1、2、3、4……9

という数列です。足したり引いたり掛けたり割ったりして使います。記号は＋－×÷です。ついでに九九ぐらいはやっておきましょう。寿限無《じゅげむ》寿限無を憶えるよりは簡単です。ま、憶えて使うとなかなか便利です。憶えておかないとダマす人がいますので困ります。身を守るためにもちょっと面倒くさいですが憶えましょう。みなさんが憶えてくれると、世の中まあうまくゆくはずですので、ひとつよろしく、ということです。あ、今、この国はとりあえず10進法と言いましたが、時計とか暦月はなぜか12進法を採用しています。週は7進法です。理由はよくわかりませんが、とりあえずそういうことになっています。ここもよろしく。ってな具合です。

――えっ、「そういうことになっています」でいいんですか？

こういうところにはどうしても役人語の感覚が出るものですが、ま、なにしろここは義務教育ですから致《いた》し方ありません。そしてここでも「底辺×高さ÷２」も、「ひろし君は8時10分に家を出ました。とも子さんは8時15分に家を出ました。ひろし君は時速４kmのはやさで歩いて行きます。とも子さんは時速15kmの自転車で行きます。とも子さんがひろし君に追いつくのは……」もやりません。「世界の農業生産高の推移と人口増加の比例を棒グラフで表しましょう」なんてのもやりません。そういうのは学習システムで得意な子が張り切ってやれます。「そこに気候変動のファクターを加えたグラフにしなければ意味ないんじゃない？」なんて立派な視点は学習システムで出ます。

義務教育はあくまで一般の実生活用基礎手段教育、むしろオリエンテーリングあるいはガイダンスといった立場ですから没個性、没専門に徹します。いわば材料を提示し、世の中の仕組みを明らかにしておくということです。丁寧にお願いするという姿勢が大事です。

で、伝統的義務教育の根本的修正ということでイメージする新義務教育ですから、あまり学科を増やしたくはないんだけど、どうしても法律と歴史というやつは入れておきたいのですが、うーん、それはやっぱり学習システムのほうにまわすべきかどうか、ちょっと迷うところだなあ。

――そうなると世の中の仕組み全般って感じで、これまた膨大な範囲でうんざりしそうですが……。しかも日本のことだけじゃダメですもんね。義務教育には荷が重すぎるような……

いや、ここで扱う法律、歴史は、世の中の仕組みのファクターとしての、というつもりなんだ。法律で言うなら、現行の法の理念とその運用、つまり善悪、正否を法律に照らして判断するやり方です、というような説明、誰かの気分で罰したりしてはいけないことになってます、といったレベル。

歴史で言うなら、それこそ今まで人類はなにをしてきたかという客観的データ提示。

――人類はなにをしてきたかというのは、語りきれないですよね。敢えて語り継がれなかったこともたくさんあるでしょうし。書かれなかった歴史の部分というか……

もちろん。逆に、心ある大人たちが次なる世代の子どもたちにどんな歴史を語りたいか。そのことを本気で考

えたら、大人もそれなりに整ってゆくと思うよ。ゆかざるを得なくなると思う。なにを子どもたちに語れるか。人間ってなにをやってきたのか。これ、国際的なバランスがどうのこうの、まして教科書問題とか言ってる場合じゃないよね。……うーん、ちょっと重荷ね。これ残念だけど義務教育システムからは外《はず》そっと。

――ではそろそろ本題、画期的な「学習システム」について……

はいはい、僕の考える学習システムはものすごく気楽です。誰も責任を持って大局的にレイアウトする必要はありません。大人の勝手気ままでいいのね。「時代に対応すべく児童生徒の人格形成を企《くわだ》てる総合的教育カリキュラム」なんてことはひとつもありません。これでずっと失敗してきたんだからね、敢えてまたまた失敗する必要はありません。失敗してきた、という認識が大切なわけですけれど。

——具体的には、どんななんでしょうか？

自分のやっていることをどうしても幼い連中に伝えておきたい、見てもらいたい、ついでに参加してほしいなどと思う人が独自の方法を設定して、学習システムの一員として名乗りを上げる。学者でも製造業者でも落語家でも商業者でも手芸家でも音楽家でも船舶業者でも競馬関係者でもＩＴ関係でも金融業でも料理家でも土産《みやげ》物業者でもスポーツ関係でも医療従事者でも自称芸術家でも誰でもいい、それなりの施設と独自の教材なりを用意してスタンバイするわけ。興味のある方、関心のある人は見てね、来てね、ちょっと習ってみたら？　研究してみたら？　学んでみたら？　という具合です。
なるほど、では行ってみましょうか、のぞいてみましょうか、学習してみましょうか、ということです。

——つまり、その人たちが先生になるということですよね。誰でもいい、というのはちょっと無責任なような……

その学習システムの一員として名乗りを上げる資格について、そう神経をとがらせる必要はありません。いい加減な所、つまらなそうな所、危なそうな所などには誰も来ませんからね。一度行っても二度とは行きませんからね。幼い連中は学習システムにおけるつまりユーザーですから、自浄作用は完全に働きますね。強制的学校には構造的になかった作用です。ここがポイント。

――なるほど。人気が出なくて子どもが来なくなれば自滅するわけですからね。淘汰《とうた》されていきますね。

要するに、幼い連中にとって魅力的な場はどういう所なんだろうって大人が真剣に考える、そこがこのシステムの重要なところだよね。でもその魅力的ということは、当人がやっていないとなかなかわからないことだから、たとえば料理人は他人にはわからない料理をつくる面白さを絶対知っているはずなんだよ。そういう自分の仕事に大なり小なり魅力を感じていることが大前提だよね。つまり、現場でやっている、あるいは現場を持っているということが大事。

――机上の理想論を掲げる学者や批評家タイプの人は、参加しにくいですね。現場がないですから。

そして、その現場で使う道具や設備は当然プロユースなわけだから、まがいものじゃないよね。

あっ、ちょっと話が変わりますが、僕は体操競技がしたくて、というよりは鉄棒がしたくてということなんだけれど、親に無理言って体操部の充実した私立中学校に入れてもらったんだけど、そこで初めて跳びつかせてもらった鉄棒の感触、いまだに忘れないんだ。つまりどういうことかというと、それまで小学校で使っていた鉄棒というのは、今もあるのかなあ、まさに鉄の棒なのさ、鉄の棒を支柱で支えただけの代物だったんだよね。それでもそれなりに楽しかったんだけど、その中高一貫の体操部の鉄棒は、鉄棒競技用の鉄棒なんだよね。ただの鉄の棒じゃないんだ。そんなものがあるって知らなかったから、最初に跳びついたときの手に吸いつくような感じ、ちょっと身体を揺すってみたらその動きにスーッとシンクロしてくる独特のしなり、これが鉄棒なんだ！と思った。ちょっと有頂天になっちゃってさ。で、しばらくやってたら当然手の皮がおかしくなるじゃないですか。そしたら先輩が「これ使いなさい」と言って、手の平に当てる薄い革のプロテクターみたいなもの――専門的になんて言うんだっけ、忘れちゃったけど――を貸してくれた。ついでに滑り止めの炭酸マグネシウムの粉を手の平につける、なんてことを教えてくれたりして。あっという間に体操競技の真っただ中だよね。これが一流っていうものの入口なんだろうな。そのときのワクワク感、つまり自分より上の人々がやっている世界ってすごいんだ、と素直に思ったんだね。

これ、今ともなって考えると、幸せな少年少女って、その大人の入口にいるってことなんじゃないだろうか。だから少年少女が手にするもの、触れる世界は、きちんとした大人の世界でなければダメなんだ。そして、少年少女はちょっと背伸びする。ここが素敵なんだよ。だから、あくまで二流やまがいものじゃダメなんだよ。

――子ども向け、子ども用ではダメということですね。

ある音楽家は怒っていた、「子どもの音楽に、なんであんな安っぽいプラスティックのリコーダーなんてものを与えるんだろう」って。「あんなに音をつくるのが難しい中途半端な楽器はないんだよ。そんな気があるんだったら、アルトサックスかクラリネット渡せよ」って言ってた。つまりここでも例の教育的配慮なんだろうね。一応その世界をのぞかせるだけで、はい、おしまい。

やっぱり少年少女がその次の世界に触れるもの、あくまでも大人の世界、一流の世界じゃないとつまらないん

だよ。だから学習システムの一員になる人、なる環境は、子ども相手、子ども目線というような余計な努力をする必要はないと思うよ。

――で、子どもは憧れをもって自分の好きな場を選べるということですね。高級なカルチャーセンターのようですね。私だったらどこに行きたいかなあ……優柔不断なのでなかなかひとつには決めかねますが、複数選べますか？

もちろんです。渡り歩いてもいい、とどまってもいい、ということです。

――費用はどうなりますか？

はい、原則的に学習システムは無料です。憲法26条そ

のままだ。無償とする。子どもの権利だからさ。

――その場合の子どもというのは、具体的に何歳まで？

12歳まで。

――きっぱりしてますね。

12歳とするには根拠があります。ここまで読んできてくださった皆さんはもうおわかりだと思いますが。

――無償というのはありがたいですが、ではそのシステムを運営する人たちは、ボランティアということですか？

ボランティアはダメです。お手伝いは不要です。もう

ひとつ気合いが入りませんし、無責任になりがちですから。
システム参加者はその利用度に応じた請求を国家にする。国家はそれを査定して参加者に支払う、ということにします。

——その財源は？

今までこれだけ無駄な学校制度を運営維持してきたんだから、校舎つくって、それぞれに体育館やプールつくって、先生に給料払ってきたんだから、そのぐらいのお金は十分にありますよ。
で、国家の査定の重要なポイントは、その参加者が学習システムの専門業ではないことを調査、認識するところだ。

――えっ、専業ではいけない？

教育の専門家化こそがこれほどまでに幼い人々の学習意欲を阻害してきた元凶なのだという視点で厳しくチェックしなくてはいけません。つまりシステムは専門化してはつまりません。心ある大人のいわば余力でいいのね。余力がいいのさ。

当人にはあまりその気がないのに、システムの一員になってくれませんか？　なんて注文が来たりする人、けっこう出ると思います。高層ビルの窓拭き業者だとか手品の人とか三角点測量士だとか干菓子《ひがし》づくりのお婆《ばあ》さんだとか……あ、俺がちょっと行ってみたいんだけどさ。

つまり、世の中の学習システムの一員であるということで大人のほうも整ってくるであろうというヴィジョンさ。児童を預かっているのではなく、幼い興味のあるファ

ンを集めているわけですから、それぞれの業界の未来も見えてくるっていう寸法だよね。成熟を促す学習システムね、いいでしょ？

――子どもの側から、いわゆる先生を要請するのですね。五味さんも呼ばれちゃいそうですね。

俺はこれまでずいぶんそのヴィジョンでやってきたので、しばらくはお休みです。

加えてもうひとつ、いや、むしろこれが中心になるかもしれない重要な学習システムがありますね。「名称未設定学習システム空間」というやつだ。

――えっ？　みせってい？

つまり、まだ名前が決まっていない、カテゴリーが決まっていない、そのうち決まるであろうというPCなんかで時々出てくるニュアンス、これがいいのね。大人が設定する学習システムはどうしても専門に偏《かたよ》るキライがあって、それはそこが魅力なんだけど、まだまだニュートラルであるべき幼い人々が、のんびりとしていられる場所がほしいよね。学習と生活が決して分離していない、やわらかな、それでいて刺激に満ちた空間、生命の安全と学習欲が保護される場所。あくまでも保護される場さ。

——もう少し具体的にお願いします。

わかりやすく言えば「公園」のイメージね。うん、ある程度広いほうがいいね。基本はぶらぶらさ、うろちょろさ。ときどき気になったらそこで止まって、ときどき

世の中．すこしは 変わらなくちゃね
おもしろくないよ……ったく!!

眠くなったら物陰で寝て、ときどき喉《のど》が渇いたらお水を飲みに行って、お腹がすいたら食堂に行く。それぞれの子どものリズムで、それぞれの子どものスピードで、言ってみれば暮らしていく一部として存在する安全な空間。そこで子どもが自ら自分の質に合った学習のスタイルを見つけていく。そのときに、一般家庭よりはやや刺激的な、たとえば本が並んでいる、ボタンを押せば音楽が流れてくる、気が向けば泳ぐ、気が向けば滑ってみる。公園の中にある保育園という雰囲気なんだろうけれど、基本が違う。

誰も指導しない、誰も導かない。導かれないこと、躾けられないことを保証する、そんな空間。

——そこに大人はいるんですか？

そこにいる大人はインストラクター、決して先生じゃありませんね。指導したり躾けたりは決してしない人たちです。

育てる、躾ける、という言葉はもう死語ですよ。躾く、育つんだと思う。イライラしていない子は、物をきれいに食べますよ。物を丁寧に扱います。これはもう身辺で実証済みです。自分の時間が自分で管理できる、そういう生物なはずなんだよね。それを侵さない空間。未熟で暴力的な教育論からの脱出ですもの、このコンセプトは。

僕の敬愛するある教育学者が言ってました、「教育ってひたすら待つことです」と。そう、敢えて言えばこの空間はそのための空間です。待つ空間。

子どもは自分と同じような仲間とともにゆっくりじっくり、自分の質を見極めてゆける。ある種の大人はイン

ストラクターという立場を模索することで、そこでもまた整ってゆけるかもね。一挙両得だ。

——先生ではなくインストラクター……これはすべての学習システムにおいて、ということですよね？　インストラクターはボランティアではなく自らの利益にもなる、ただし人気が出ればの話。少し見えてきました。もうちょっと具体的に描いてもらえますか？

ええと、具体的な風景。たとえば9歳、10歳あたりのポニーテールの少女が爽やかにやって来ます。「どこ行くの？」と誰かが聞きます。思わず聞きたくなるような充実感がある少女なのさ。「書道GS（学習システムの略称です）に行くのよ。今ひらがなの草書体に挑戦してます。夕方はスイミングGSよ。では」なんてさ。「今

篆刻《てんこく》にハマっちゃってさ。あれ、けっこう辛気《しんき》くさいけど面白いよね。あ、もうひとつ、料理ＧＳもいいよ。今月はフレンチだってさ。テリーヌとブッフブルギニョンやるよ。半端じゃないよ」なんて言う小汚い男子がいたりさ。「君の弟、元気？」「あいつまだ名称未設定ＧＳにいるよ。のんびりしてるからさ」なんてことも起きるかもね。この場合は、お兄ちゃんも弟の成長を見守っている一員ということになります。かっこいいです。

——その子たちは好きなＧＳに通っているだけですか？

いやいや、この子たちは週の前半の３日間、１日１時間の義務教育プログラムはいちおうやっている。

——えっ、１日１時間でいいんですか？

実用生活手段教育としての義務教育は1日1時間、週3日程度で十分、あとはのんびりしっかりという感じよね。どう、こんなヴィジョン。

——うん、とても集中できそうな気がします。テストも宿題も無しですか？

無し。

——わあい、ゲゲゲの鬼太郎みたい！

あっ、義務教育に関しては、テストはたまにしたほうがいいかもしれない、理解度、把握度の確認という意味で。点を競うような内容ではないしね。

変わるのは
天気と日付け
ぐらいに
しておきましょうよ…
おねがいしますよ…

やりたい人がやるのがいいさ

――……学歴、どうします？

はいはい、いい質問ありがとう。これですよね、一般の不安は。でもね、実は今もあんまり学歴見てませんよ、本当のところ。履歴書出すようになんて言うところ、実はあんまりそこ読んでません。適当に書いておいても問題ありません。スタンフォード大卒なんて書いても見ちゃいませんよ。学校が人格を保証するなんて社会、もうとっくに壊れています。

――いわゆるいい学校出ても、意味がないと。

いい学校を出て私はうれしい、誇らしい、自慢したい、と思える人には意味はあります。それ以外には意味ありません。でも、そんな人は世間から「いい学校出たのに……なんで？」とか言われることもありますので、ただ自慢してよろこんではいられません。

そもそも教育を受ける権利を学校教育を受ける権利と解釈したのが大間違いなのですよ。学校に行く権利なんかじゃない、学習する権利を有するわけ。その学習の方法について、いろいろ無償の方法を考える義務を社会が負う、という憲法26条の新解釈。だからこそ、繰り返しになるけれども俺は単純に12歳ぐらいまで、子どもがやることとすべて無償にすべきだと思うの。義務教育も、学習システムも、美術館、博物館、音楽会、動物園……子どもはみんな無償にすべきだ。子どもたちがなにかしたいなと思ったときに、受け入れる、さっぱりとしたシステムがたくさんある社会。

――できれば保護者なしで動きたいですよね、子どもたちは。その場に行くまでの交通費はどうしましょう？

それも無料です。

そのときに、「ガキなんかに無料開放したら、すべてガタガタになってしまうし、うるさくてしょうがない」って言う人、必ずいると思うの。

なんでうるさいのか。本気で行っていないからうるさいんだよね。本当に動物が見たくて動物園に行ってるんだったら、そんなに騒いでられないよ。餌《えさ》なんかもばんばんやらないよ。態度はおのずから変わる。ところが今は、「子どもが喜ぶだろうから動物園に行こう」って誰かが決めて、サルのところに行ったら餌やって、ゾウのところに行ったら「ゾウさんゾウさんお鼻がながいのね……！」なんてみんなで歌って、ワニさん口が大きいね、どうやって歯磨きするのかな？……なんて、大人が中途半端に動物園を使っているから、連れてこられた子どもに情熱はそんなにない。で、普通に騒ぐわけよ。

動物園が好きな大人も、いっぱいいるよ。ときどき動物は見なくてはいけないというか、動物園って精神衛生みたいなところでごく必要なところがあるのよね。自分とは違う動物を見て、「この地球上に、この宇宙に、こんなやつがいるんだなあ」ってじっと見ていること、けっして悪いことじゃない。精神がちょっと不安定なときに、ふっと動物園なんかに行く人、けっこう多い。俺もある時期行ってたことある。ゴリラをずっと見ていた。ゴリラもずっと俺のこと見ていた。

ところが今、大人が動物園に行きにくいのは、ガキはぎゃーぎゃー騒ぎ、家族連れで弁当なんか食ってついでに動物に餌やって、動物もいるただの公園になってしまっているからなんだ。運営側もなぜか低予算だから動員数勝負に走ることになる。

動物園でも劇場でも博物館でも、行きたいやつが行くと感じが変わるんだ。ようするに文化の成熟度の話さ。

昔すごいことがありました。奈良の法隆寺の夢殿で、僕も久しぶりだったのでボーッと見てまわっていたら、修学旅行の中学生たちがワイワイやってきて「しまった」と思ったんだけれど、引率の教師が突然大声で「お前ら、見てもよくわからないんだから、早く行けー!」って言ったんだな。けだし名言。生徒たちも素直に「はーい」って、駆け足でざーっと通りすぎて行った。ああ、この教師、実によくわかっているじゃないかと思ってさ。彼らは別に来たくて来ているわけじゃないんだもんね、夢殿に。だから寺の脇の土産屋で木刀とか舞妓《まいこ》さん印の手ぬぐいとか買ったりして、とりあえずの奈良の旅なのさ。

行きたいところに行くべくして行く。それが重要。

——自分の気分とピタッと合うところに行くべくして行くというのは、大人でも難しいです。修学旅行を卒業したのに、パックツアーで旅行に行って、行きたくもない場所についでに連れて行かれたりしてます。

これはテレビで見た話だけれど、どこかの高校の建築科に、伝統建築科みたいなのがあるらしく、古来の日本建築を学んでいる生徒たちが、どこかの寺に見学旅行に行くんだ。するとその子たちは建物の窓枠に注目して、「ねえ、見て見て、ここの組み方すごいねー」、なんて興奮して見ているんだ。そのうちのひとりの子が言うには、「中学校のときに京都で五重塔を見て、わあ、こういうの造ってみたいと思って、この学校に入ったんです」って。すごいよね。すばらしいよね。五重塔見て「造ってみたい」だぜ。

つまり、読みたくて読んでいる人の図書館、聴きたくて聴いている人の音楽会、観たくて観ている人の美術館、本当に興味を持って来ている人の博物館、自分が建てる前提で見る五重塔。ぜんぜん違うよね。

それを乱すのがだいたい、来たくもないやつらを連れてくる学校の先生ね。おざなり文化論の教育カリキュラムね。それを、ヒステリックに「静かに見なさい！」とか言っている。なんのためにそんなことやっているんだろう。運動会、学芸会、発表会、別にやりたくないのに、いつまで経ってもやっている。やらされている。

やる気のないやつが
むりしてやると
事故がおこるね…！
あぶねえんだよ！

――たしかに。

大学生になっても同じね。学園祭に講演に来てくださいって僕のところに頼みに来た子たちがいてさ、「なにやりたいの?」って聞くと、「いやあ、とくに……」。「じゃあ、なに聞きたいの?」「……」。「じゃあ、なんで俺を呼びたいの?」「いや、ちょっと有名だから」。俺もいい人だからさ、「学園祭の委員になっちゃったからでしょ?」って聞くと「そうなんです、特にやりたくないんです」って本音が出る。

学校ってなにやってるの? やりたくもないことやって。じゃあ、やめればいいじゃん。でも、やめられないんです。ここでも例の、なんでも経験するのはよいことだ、ってやつね。

勇気を持ってやめるべきことって、この世の中たくさんあるよね。

——勇気を持ってやめるべきこと、商店街の七夕《たなばた》祭りとオリンピックって、なにかに書いてましたね。

うん、それと学校っていうことかな。ただ、社会的に学校やめろとか言ってるんじゃないんだよね、あたりまえだけど私論であって。

俺の中ではこれから先、穏やかに二極分解していくんじゃないかと思っているんです。

——二極分解、ですか？

そう、個人の選択だと思います。通俗的な言い方だけど、選択肢がかなり増えてきた豊かな社会の入口ではないだろうか、という楽観論も俺にはあります。学校をやめる・やめない、つまり勉強させられる・させられない、結婚する・しない、企業的に勤める・勤めない、老齢年金で生きていく・生きていかないなどなどの選択は、社会的に起こることではなく、個人が個人の責任の中で選択していくんだと思う。その責任というのは個人個人の趣味かもしれない。思想かもしれない。すでにその選択は始まっているような気がする、とっくにね。

——その実感があるかないかはともかくとして、ですね。

そう、実感というのはまだまだでしょうが、とりあえず二極分解はすでに進んでいると思います。
もしかすると、二極どころか三極にも四極にも分かれていくのかもしれないけれど、そのほうがはるかに人類は健康だと思うよ。一色で固めたいというグローバリゼーション、始まったばかりなのにもう綻《ほころ》び始めてるもんなあ。

とくにまとめるつもりはないんだけれど…

俺ね、ちょっと仮説があるんだけれど……。生物っていうのは魂のピークのときに生まれ出るんじゃないだろうか、っていう。その魂が、言ってみればずーっと漂っていて、最後地面に落ちて死んでいく。つまり、生まれた幼い子どもたちというのは魂の高みにいてね、できることならそのまんま空中を漂って、風に乗ってグライドしてどこか遠くに飛んでゆきたい。でも残念ながら魂は物理的生命だから、少しずつ少しずつ落ちてくるのは運命なんだな。

で、人の作業っていうのは、その落ちていくということとに抗《あらが》って、できればいつまでもいつまでも飛んでいたい、そんな生命的努力をするんじゃないだろうか。ものを知ったり、考えたり、あるいは行動する、そのすべては魂というものをなるべく高みのままに浮かべておきたい、漂っていたい、そのための人間の作業なんじゃないだろうか。

共生なんていう意識も、共に飛んでいようよって、そんな感覚なんじゃないだろうか。

ところが残念ながら、なぜかあるシステムに取り込まれたせいでどんどん落ちていくような、どんどんと落とされていくような、どんどん重たくなるような、そして十分飛ばないうちに墜落《ついらく》させられてしまうような、そんな気配を感じるんだよ。で、落とされていく魂みたいなものを本当によく見るものだから、その落としていくシステムというものを、ちょっと気にして見ているんだな。

――墜落しないために、翼をください、翼がほしい、なのかしら。

ああ、そうかもしれない。少し悲愴《ひそう》だよね、そう考えると。うん、そのシステムを言う前に、人間っていう生き物は、本来墜落しやすいものなのかもしれない、脳がでかいのがハンディキャップなんだよね、と思うことがある。

他の動物、たとえばチーターをしばらく見ていたことがあるんだけれど、なにか彼らは自らを把握すること――自らの運動能力、食料感覚、あるいは安全危険に対する感覚、子育てヴィジョンみたいなものを非常にシンプルに行っているような気がする。的確にそれらを自ら把握しているように見えるんだ。つまりそれは、小さな脳ゆえの的確さなんじゃないだろうかなんて思うんだ。

翻って人間は、プロポーションから言ったって頭が大きいよね。つまり脳が大きいんだよね。ことさら現代人は本当に頭でっかちなんだよね。脳でっかちなんだ。それを頭脳が立派でよかったね、なんて言っている場合じゃないんだよね、どうやら。

——それで勝ち抜いてきたなんて思いがあるんでしょうけれど……

たとえば、すごく部品がいっぱいある機械なんかをつくるじゃないですか、人は。その機能はとても大きいのだけれど、一度故障すると本当に直しにくい。今の自動車なんて、俺もうお手上げだなあ。数万単位の部品らしいけど。人の脳というのは非常にたくさんの部品で組み立ってるゆえに、高度な機能もするらしいけれど、ひとつ狂ったときにその原因がすごく探りにくい。今の言葉で言うならば、大容量ハードディスクだから、どこになにが入っているかわからなくなるぐらいの大容量だから、的確に使うには相当神経がいる。ゆえにそれが弱みになるということは多々ある。大容量の脳は、必要不必要に関わらず、とにかくなにかをいっぱい入れておかないと機能しないんじゃないか。だからあの詰め込み教育ということも起こったんじゃないだろうか。

よく言うよね、知識は力だ、記憶は力だ、経験体験も力だ、成功失敗も力だ。すべてを力にすべく堆積させていく充実したハードディスク、それが人間的充実だっていうイメージがあるんじゃないか。

——とにかく大容量ということですね。

幼児教育においても、知識はさることながら、情緒豊かな、イメージ豊かな子どもに、なんて方向で絵本をとらえたりする。情緒、イメージなんてものの本質をなにも見極めないうちにね。情操豊かな子は豊かな人間である、なんてさ。その末路として、つまりネガティヴな形として、疑問とか不安とかあるいは混乱とか、そういうものも同時に噴出する。人間のハードディスクはそういったネガティヴなものまでどんどん取り込んでいく性質があるんだろうね。

人の脳っていうものが他の動物よりは性能いいね、っていつまでも言ってる場合じゃないんだよ。素数の謎を解くだけで狂った人もいるそうだし。3千年後に地球滅亡だと言ったりさ。その不安、恐れもインプットされるハードディスクなんだよね。だから容量が大きければ大きいほど混乱してしまって、もう単純な生物機能さえも把握できない状態なんだろうなっていう気がするよ。その混乱をさらに推し進める初等教育なんだよな。
だからさ、今ちょっと落ち着いて、この生物の扱いにくい大容量の脳を、もう一度ゆったりと把握しなおして、その機能のうまい使い方を考えなくちゃいけないんじゃないかなあ。そうそう、核以前に脳の平和利用ってところね。

――また脳を使っちゃいますね。

仕方ないね。なにしろ脳ある生物なんだからさ。
ただささ、せっかくこの世に生まれ出たんだから、せめて互いを侵しあわない社会であってほしいなあと思うだけなんだ。俺は俺、君は君、彼は彼、彼女は彼女と、ただ単純に認めあえて、さて、お楽しみはこれからだ、な

いづれにせよ
21世紀だよ
なんとかしようよ！
たのむぜ!!

んていう具合になればいいのにね。

……あー、ちょっと喋り疲れたな。ちょっと飽きてきた。

――お茶にします？

そうね、ほんとうはお茶にしたいところですが、たとえばこんなノリで喋る講演会とかだと、必ず最後に例の「質疑応答」ってのがありますよね。

――会場にハンドマイク廻したりして。

そうです。すると、そう皆がすぐに話すわけじゃないんですけれど、二、三の質疑の中で必ず同じようなニュアンスの質問があります。「五味さんの話、とってもよくわかるんですが……でも……」ってやつです。たぶん

この本でも、そんな読後感が出る予想は十分にありますから、少し戯れに「紙上質疑応答」をやってみましょうか……

――わたしが質問するんですか?

いや、それではおもしろくないから、もっと一般的な「よくある質問」を、製品の取り扱い説明書にあるような……うん、この本の編集者にたのみましょう。

――あ、突然たのまれてびっくりしましたが、いちおうその用意はあります。はい。ハヤカワです。再出版に際して、そんな要素を加筆いただこうかなという想いはあったもので……で、これら数本の質問事項は、私も聴かせていただいた五味さんの講演会やお話会の現場で出てきた質疑の代表例を、私なりにまとめてみたもので、ついでに私の気持ちも少しは入っております……

ということで、紙上質疑応答です。

1

Ⓠ 嫌な事でもやる練習を子どもの頃にしておかないと、大人になって困るんじゃないでしょうか?

Ⓐ **そういう練習をたくさんやって来たはずの大人が、やっぱり困っているのはどういうことなんでしょう?「困らないための練習」っていう設定が狂っているのじゃありませんか?**

2

Ⓠ 子ども同士が勉強で競い合うって、別に悪いことじゃないと思うのですが?

A **悪いことではありませんが、なんの価値もないということです。さらに言えば、品がない、ということです。**

3

Q 五味さんと違ってうちの子は平凡ですから、学歴がないと良い会社に就職できないと思うのですが？

A **とりあえず「平凡な子にしよう」というヴィジョンで躾けられ育てられてめでたく「平凡になった子」には学歴で選別してもらう生き方しかないのでしょう。「生まれつき平凡な子」はたぶんいない、というのがぼくの考え方です。**

4

Ⓠ 義務教育の内容ぐらいわかっていないと、将来困るんじゃないでしょうか？

Ⓐ **義務教育の内容ぐらいは誰でもわかります。教育を受けなくてもわかるような内容です。それ以上のことで将来困ったら、その時学べばいいだけのことです。**

5

Ⓠ 小学生の頃から机に向かう習慣をつけておくのって、大事なんじゃないでしょうか？

Ⓐ **一生涯、事務系の仕事をするつもりの人には大事で**

しょう。

Q 6

一般教養を身につけていないと、社会に出て馬鹿にされませんか？

A

申し訳ありませんが、本書のP52～53、60～62あたりをもう一度お読み願います……

Q 7

うちの子、親の言うことを全然聞かないので困るのですけれど……

Ａ いちおう聞いてはいるんだけど、あまりにもつまらない、あるいは時に間違っていたり、勘違いしていたりするので、結果無視している、そんな感じじゃありませんかね。

8

Ｑ 小学校の勉強って、文部科学省や偉い先生方が、子どもが将来良い生き方が出来るように考えられたカリキュラムなんですよね？

Ａ まさか、そんなことは絶対にあり得ません。将来、いい納税者になるためのカリキュラムですよ、あくまで。その目的のためにはよく練られたカリキュラムだと思います。

9

Q 我が子の学校での様子は知りたいですから、三者面談はとてもありがたいと思っているのですが？

A **ほんとうにそうならば、もっと頻繁にやるべきでしょう。三者一緒に暮らすとか……**

10

Q 子どもが学校に通ってくれると、とても安心なのですが？

A **親は安心です。子どもはどうでしょう。**

11

Q うちの子はボーッとしているので、ある程度指示してもらった方が良いと思うのですが？

A **はい、その指示なりをボーッと受けとめると思います。「ボーッ」はその人のパワーですから尊重したいと、ぼくは思います。**

12

Q 世の中、五味さんみたいな生き方をしている人ばかりだと、社会がうまく機能しないような気がするのですが？

A **ぼくも同感です。**

13

Q 子どもは学校で集団行動にも慣れておかないと、社会に出てから困りませんか?

A **はい、戦争の時には困ります。災害時などにはその集団行動が非常に危険であったことは、証明済みです。**

14

Q 今の日本は、子どもも大人も選択肢が少なすぎる気がするのですが……

A **「常識的な範囲」での選択肢というものはそう多いはずもありません。朝メシのメニュー程度です。でも「食べ**

物」ということでしたらその範囲はぐっと広がるはずですが、「朝メシっぽくないよ…」ということでほとんどの食べ物は除外視される、というようなことでしょう。

15

Q 五味さんのおっしゃるGS（学習システム）、とても興味を持ったのですが、今の教育制度の中では無理ですよね。

A 「制度を変える」などという革新派的な考えはありません。イメージです。個人の自立、自在な生命活動が社会化した場合には、こんな教育システムがあるのではないか、というイメージのことです。人類の歴史が終焉をむかえるまで、決して行われないと思いますが……でもイメージすることは必要なことだと思います。少なくともぼくには。

16

Q 五味さんのおっしゃる通りにするとなると、親はかなりヒヤヒヤしっぱなしだと思うのですが……

A 「五味さんのおっしゃる通りにする……」という捉え方はどこから出てくるのでしょう。「政府のおっしゃる通りに……」はたまた「天皇陛下のおっしゃる通りに……」というこの国の民のクセですか？　逆説的に、あまりにもひどくなければ「誰かのおっしゃる通りに」生きてゆくのが楽だ、ということでしょうか。責任はその誰かに押し付けて……

はーい、そろそろ時間がきましたので、このへんで……と誰かがおっしゃってくれないと、いつまでたっても終わりません。もう一冊書かなくてはいけなくなります。

——あ、お茶はいってます。少し冷めちゃいましたけれど。

この項、「あとがきにかえて」ということにしてください。よろしく。またお会いしましょ。

勉強しなければだいじょうぶ　改訂版

2016 年 9 月 1 日　初　版
2016 年 11 月 10 日　第 2 版

著 者　五味太郎　内海陽子

発行者　早川裕

発行所　株式会社 集文社

〒 151-0051 東京都渋谷区千駄ヶ谷 5-26-5-910
TEL 03-5357-7361　FAX 03-5357-7362
http://shubunsha.net/

デザイン　ももはら るみこ

印刷製本　株式会社 平河工業社

ISBN 978-4-7851-0318-7 C0095

この書籍は朝日新聞出版より 2010 年に発行されたものの改訂版です。